Coleção Eu gosto m@is

LÍNGUA PORTUGUESA

CÉLIA PASSOS

Cursou Pedagogia na Faculdade de Ciências Humanas de Olinda, PE, com licenciaturas em Educação Especial e Orientação Educacional. Professora do Ensino Fundamental e Médio (Magistério), coordenadora escolar e autora de materiais didáticos.

ZENEIDE SILVA

Cursou Pedagogia na Universidade Católica de Pernambuco, com licenciatura em Supervisão Escolar. Pós-graduada em Literatura Infantil. Mestra em Formação de Educador pela Universidade Isla, Vila de Nova Gaia, Portugal. Formação em *coaching*. Professora do Ensino Fundamental, supervisora escolar e autora de materiais didáticos e paradidáticos.

5ª edição
São Paulo
2022

4º ANO
ENSINO FUNDAMENTAL

IBEP

Coleção Eu Gosto Mais
Língua Portuguesa 4º ano
© IBEP, 2022

Diretor superintendente	Jorge Yunes
Diretora adjunta editorial	Célia de Assis
Coordenadora editorial	Viviane Mendes
Editor	RAF Editoria e Serviços
Assistente editorial	Isabelle Ferreira, Isis Lira
Revisores	RAF Editoria e Serviços
Secretaria editorial e processos	Elza Mizue Hata Fujihara
Assistentes de iconografia	RAF Editoria e Serviços
Ilustração	José Luis Juhas/Illustra Cartoon
Produção editorial	Marcelo Ribeiro
Projeto gráfico e capa	Aline Benitez
Diagramação	Nany Produções Gráficas

Dados Internacionais de Catalogação na Publicação (CIP) de acordo com ISBD

P289e   Passos, Célia

           Eu gosto mais Língua Portuguesa / Célia Passos, Zeneide Silva. - 5. ed. - São Paulo : IBEP - Instituto Brasileiro de Edições Pedagógicas, 2022.
           316 p. : il. ; 20,5 cm x 27,5 cm. – (v.4)

       Inclui bibliografia, índice e anexo.
       ISBN: 978-65-5696-260-3 (aluno)
       ISBN: 978-65-5696-261-0 (professor)

       1. Ensino Fundamental Anos Iniciais. 2. Livro didático. 3. Língua Portuguesa. I. Silva, Zeneide. II. Título.

2022-2736   CDD 372.07
                                                                                        CDU 372.4

Elaborado por Odilio Hilario Moreira Junior - CRB-8/9949

     Índice para catálogo sistemático:
      1. Educação - Ensino fundamental: Livro didático 372.07
      2. Educação - Ensino fundamental: Livro didático 372.4

5ª edição – São Paulo – 2022
Todos os direitos reservados

IBEP

Rua Agostinho de Azevedo, S/N – Jardim Boa Vista
São Paulo/SP – Brasil – 05583-0140
Tel.: (11) 2799-7799 – www.editoraibep.com.br/

Gráfica Impress - Outubro 2022

APRESENTAÇÃO

Querido aluno, querida aluna,

Ao elaborar esta coleção, pensamos muito em vocês.

Queremos que esta obra possa acompanhá-los em seu processo de aprendizagem pelo conteúdo atualizado e estimulante que apresenta e pelas propostas de atividades interessantes e bem ilustradas.

Nosso objetivo é que as lições e as atividades possam fazer vocês ampliarem seus conhecimentos e suas habilidades nessa fase de desenvolvimento da vida escolar.

Por meio do conhecimento, podemos contribuir para a construção de uma sociedade mais justa e fraterna: esse é também nosso objetivo ao elaborar esta coleção.

Um grande abraço,

As autoras

SUMÁRIO

LIÇÃO

1 O macaco e a banana
- **Vamos começar!** – "O macaco e a banana" (conto de repetição e acumulação) 8
- **Estudo do texto** 9
- **Estudo da língua**
  Letra e fonema 11
  Encontros vocálicos 12
  Ortografia – Palavras que começam com **h** 14
- **Um texto puxa outro** – "Bugio e Tucano" (tirinha) 15
- **Produção de texto** – Conto de repetição e acumulação 19
- **Ampliando o vocabulário** 21
- **Leia mais** 21

2 Proteção aos animais
- **Vamos começar!** – "Proteja seu melhor amigo" (propaganda) 22
- **Estudo do texto** 23
- **Estudo da língua**
  Encontro consonantal 26
  Dígrafo 28
  Ortografia – Palavras com **qu**, **gu**, **c** e **g** 30
- **Um texto puxa outro** – "Raiva" (texto informativo) 32
- **Produção de texto** – Propaganda 34
- **Ampliando o vocabulário** 36
- **Leia mais** 37

3 A lenda do Papa-Figo
- **Vamos começar!** – "A lenda do Papa-Figo" (HQ) 38
- **Estudo do texto** 45
- **Estudo da língua**
  Sílaba tônica: classificação 52
  Ortografia – Emprego de **m** ou **n** 54
- **Um texto puxa outro** – "Papa-Figo" (poema) 56
- **Produção de texto** – Apresentação oral 58
- **Ampliando o vocabulário** 60
- **Leia mais** 61

4 Duas palavrinhas
- **Vamos começar!** – "Duas palavrinhas" (piada) 62
- **Estudo do texto** 63
- **Estudo da língua**
  Acentuação de palavras paroxítonas 65
  Ortografia – Palavras com **z** em final de sílaba 68
- **Um texto puxa outro** – Tirinha 70
- **Produção de texto** – Piada 71
- **Ampliando o vocabulário** 72
- **Leia mais** 73
- **Organizando conhecimentos** 74

LIÇÃO

5 **Por que temos sobrenome?**
- **Vamos começar!** – "Por que temos sobrenome?" (artigo de divulgação científica) 78
- **Estudo do texto** 79
- **Estudo da língua**
  Acentuação de palavras proparoxítonas 85
  Ortografia – Uso de **por que, porque, por quê** e **porquê** 86
- **Um texto puxa outro** – "Gente tem sobrenome" (letra de canção) 89
- **Produção de texto** – Artigo de divulgação científica 90
- **Ampliando o vocabulário** 91
- **Leia mais** 91

6 **A cigarra e as formigas**
- **Vamos começar!** – "A cigarra e as formigas" (fábula) 92
- **Estudo do texto** 94
- **Estudo da língua**
  Substantivo 98
  Substantivo comum e substantivo próprio 99
  Substantivo simples e substantivo composto 102
  Ortografia – Palavras terminadas em **-l** e **-u** 104
- **Um texto puxa outro** – "Livro infantil traz cigarra autista" (notícia) 106
- **Produção de texto** – Fábula 107
- **Ampliando o vocabulário** 109
- **Leia mais** 109

7 **O reformador do mundo**
- **Vamos começar!** – "O reformador do mundo" (fábula) 110
- **Estudo do texto** 111
- **Estudo da língua** – Substantivo coletivo 115
  Ortografia – Palavras com **l** e **lh** 121
- **Um texto puxa outro** – Ilustrações de fábulas 122
- **Produção de texto** – Fábula 123
- **Ampliando o vocabulário** 126
- **Leia mais** 127

8 **Educação financeira para crianças**
- **Vamos começar!** – "Escolas municipais de Garanhuns recebem mais de 5 mil livros sobre educação financeira para crianças" (notícia) 128
- **Estudo do texto** 129
- **Eu gosto de aprender mais** 135
- **Um texto puxa outro** – "Como se fosse dinheiro" (conto) 136
- **Estudo da língua** – Grau do substantivo 138
- **Produção de texto** – Notícia 141
- **Ampliando o vocabulário** 142
- **Leia mais** 142
- **Organizando conhecimentos** 143

LIÇÃO

9 Amarelinha
- **Vamos começar!** – "Amarelinha" (regra de brincadeira) 146
- **Estudo do texto** 148
- **Estudo da língua**
  Artigo definido e artigo indefinido 150
  Ortografia – Mal ou mau? 152
  Mais ou mas? 152
- **Um texto puxa outro** – "Brincadeiras populares" (cordel) 154
- **Eu gosto de aprender mais** 156
- **Produção de texto** – Regra de brincadeira 158
- **Ampliando o vocabulário** 160
- **Leia mais** 161

10 Combata o preconceito
- **Vamos começar!** – "Inclusão e combate ao preconceito são temas da caminhada no Dia Mundial do Autismo em Fortaleza" (notícia) 162
- **Estudo do texto** 164
- **Um texto puxa outro** – "Cordão de girassol" (cartaz) 169
- **Eu gosto de aprender mais** 172
- **Estudo da língua**
  Numerais 173
  Ortografia – Uso de **g** e **j** 176
- **Produção de texto** – Notícia 179
- **Ampliando o vocabulário** 182
- **Leia mais** 183

11 Qual é sua opinião?
- **Vamos começar!** – "O uso da letra cursiva está com os dias contados?" (artigo de opinião) 184
- **Estudo do texto** 185
- **Estudo da língua**
  Pronomes pessoais 190
  Pronomes possessivos 192
  Pronomes demonstrativos 194
  Ortografia – Uso de **-am** e **-ão** 196
- **Um texto puxa outro** – Charge 198
- **Produção de texto** – Debate 200
- **Ampliando o vocabulário** 202
- **Leia mais** 203

12 A estranha passageira
- **Vamos começar!** – "A estranha passageira" (crônica) 204
- **Estudo do texto** 206
- **Estudo da língua**
  Discurso direto e discurso indireto 207
  Pronomes indefinidos 208
  Ortografia – Sons do **s** 209
- **Um texto puxa outro** – "Medo de avião" (piada) 210
- **Produção de texto** – Crônica 211
- **Ampliando o vocabulário** 212
- **Leia mais** 213
- **Organizando conhecimentos** 214

LIÇÃO

13 Alimentação saudável
- **Vamos começar!** – "Entrevista – Anyvlis Alencar: uma conversa sobre alimentação infantil" 218
- **Estudo do texto** 220
- **Estudo da língua**
  Adjetivo 224
  Adjetivo pátrio 224
  Ortografia – Palavras terminadas em **-eza** e **-esa** 229
- **Um texto puxa outro** – Pirâmide alimentar (gráfico) 232
- **Produção de texto** – Entrevista 233
- **Ampliando o vocabulário** 236
- **Leia mais** 237

14 A lenda das estrelas
- **Vamos começar!** – "A lenda das estrelas" (lenda) 238
- **Estudo do texto** 240
- **Estudo da língua**
  Verbo 244
  Concordância verbal 247
  Verbo: conjugações 249
- **Um texto puxa outro** – "Como era a vida dos povos indígenas brasileiros?" (texto informativo) 257
- **Produção de texto** – Lenda indígena 259
- **Ampliando o vocabulário** 261
- **Leia mais** 263

15 No país dos prequetés
- **Vamos começar!** – "No país dos prequetés" (texto teatral) 264
- **Estudo do texto** 266
- **Eu gosto de aprender mais** 271
- **Um texto puxa outro** – "Chapeuzinho Vermelho" (cartaz) 272
- **Estudo da língua**
  Pontuação: vírgula 275
  Ortografia
  Palavras com **r** (entre vogais) e **rr** 276
  Palavras com **r** em final de sílaba 276
- **Produção de texto** – Texto teatral 278
- **Ampliando o vocabulário** 281
- **Leia mais** 281

16 Chuva
- **Vamos começar!** – "Chuva" (poema visual) 282
- **Estudo do texto** 283
- **Estudo da língua**
  Vocativo 285
  Ortografia – Sons do **x** 286
- **Um texto puxa outro** – Tirinha 289
- **Produção de texto** – Poema visual 290
- **Ampliando o vocabulário** 292
- **Leia mais** 292
- **Organizando conhecimentos** 293

Referências 295
Almanaque 297
Adesivos 313

LIÇÃO 1 — O MACACO E A BANANA

VAMOS COMEÇAR!

Leia uma versão do conto "O macaco e a banana", produzida pela escritora Heloísa Prieto. Esse é um conto popular brasileiro acumulativo.

Você conhece essa história? Se ainda não a conhece, o que você imagina que pode acontecer nela?

Leia o conto e observe as sequências que se acumulam.

O macaco e a banana

Um macaco estava comendo uma banana que escapou da sua mão e caiu no oco de uma árvore. Irritado, o macaco desceu da árvore e disse ao pedaço de pau:

– Ô seu pedaço de pau, me ajuda a apanhar minha banana!

O pedaço de pau não lhe deu a menor atenção. Furioso, o macaco foi até o lenhador e lhe disse:

– Ô seu lenhador, venha mandar o pedaço de pau ajudar a apanhar minha banana que caiu no oco da árvore.

O lenhador não ligou para ele. Exasperado, o macaco procurou o delegado e disse:

– Ô seu delegado, venha mandar o lenhador ir comigo até a floresta para mandar o pedaço de pau ajudar a apanhar minha banana que caiu no oco da árvore.

O delegado não obedeceu. O macaco foi até o rei pedir que ele mandasse o delegado mandar o lenhador até a floresta para mandar o pedaço de pau ajudar a apanhar a banana que tinha caído no oco da árvore. O rei não lhe deu atenção.

O macaco foi atrás da rainha. A rainha não lhe deu ouvidos. O macaco foi até o rato pedir que ele roesse a roupa da rainha. O rato se recusou a atender. O macaco foi até o gato pedir a ele que comesse o rato. O gato não fez conta dele. O macaco foi até o cachorro e pediu a ele que comesse o gato.

O cachorro não quis. O macaco foi até a onça pedir a ela que comesse o cachorro. A onça não respondeu. O macaco foi até o caçador pedir a ele que matasse a onça. O caçador se negou a obedecer. O macaco foi até a Morte.

A Morte sentiu pena do macaco e ameaçou o caçador, que procurou a onça, que perseguiu o cachorro, que seguiu o gato, que atormentou o rato, que roeu a roupa da rainha, que mandou no rei, que ordenou ao delegado, que chamou o lenhador, que mandou o pedaço de pau ajudar o macaco, que tirou a banana do oco da árvore e, finalmente, a comeu.

Heloísa Prieto. *Lá vem história*. São Paulo: Companhia das Letrinhas, 2010. p. 46-47.

ESTUDO DO TEXTO

1 O macaco quer sua banana de volta. A quem ele pede ajuda? Copie do texto o nome dos personagens, na ordem em que eles aparecem na história.

_____

_____

_____

2 Qual foi a única personagem que atendeu ao pedido do macaco?

_____

3 Por que essa personagem resolveu ajudar o macaco?

_____

4 Por que o caçador fez o que a Morte e o macaco queriam?

_____

_____

5 Releia estas falas do macaco no conto.

> – Ô seu lenhador, venha mandar o pedaço de pau ajudar a apanhar minha banana que caiu no oco da árvore.
> [...]
> – Ô seu delegado, venha mandar o lenhador ir comigo até a floresta para mandar o pedaço de pau ajudar a apanhar minha banana que caiu no oco da árvore.

a) Copie a parte que se repete nas duas falas.

_____

_____

b) Copie a parte que foi acrescentada na segunda fala.

_____

_____

6 O macaco procurou outros personagens para ajudá-lo, até chegar à Morte. Imagine e escreva aqui o diálogo do macaco com a Morte, considerando todas as partes que seriam acumuladas.

_____

_____

_____

_____

_____

_____

_____

ESTUDO DA LÍNGUA

Letra e fonema

Para escrever, usamos as 26 letras do alfabeto:

A B C D E F G H I J K L M N O P Q R S T U V W X Y Z

Letras são sinais gráficos que representam os fonemas.

Você sabe o que são fonemas? Leia em voz alta.

gato – **r**ato

Ao falar as palavras **g**ato e **r**ato, percebemos que os sons do **g** e do **r** são diferentes.

Os sons da fala são chamados **fonemas**.

ATIVIDADES

1 Escreva a quantidade de letras de cada palavra.

oco ☐   delegado ☐

onça ☐   respondeu ☐

roupa ☐   pena ☐

cachorro ☐   finalmente ☐

macaco ☐   banana ☐

2 Leia estas palavras em voz alta: apenas um fonema diferencia uma da outra. Sublinhe, em cada palavra, a letra que representa esse som.

não   cão   são   mão   pão   vão

Encontros vocálicos

Releia este trecho do conto "O macaco e a banana". Observe as letras destacadas em algumas palavras.

A Morte sent**iu** pena do macaco e am**ea**ç**ou** o caçador, que procur**ou** a onça, que perseg**uiu** o cachorro, que seg**uiu** o gato, que atorment**ou** o rato, que r**oeu** a r**ou**pa da r**ai**nha, que mand**ou** no r**ei**, que orden**ou** ao delegado, que cham**ou** o lenhador, que mand**ou** o pedaço de p**au** ajudar o macaco, que tir**ou** a banana do oco da árvore e, finalmente, a com**eu**.

Quando duas ou mais vogais aparecem juntas em uma palavra, dizemos que há um **encontro vocálico**, ou seja, um encontro de vogais.

Os encontros vocálicos são classificados de acordo com a separação silábica das palavras.

Na palavra r**ei**, o encontro vocálico está na mesma sílaba. Esse encontro recebe o nome de **ditongo**.

Na palavra r**a**-**i**-nha, o encontro vocálico não está na mesma sílaba. Esse encontro recebe o nome de **hiato**.

Em palavras como en-xa-g**uei** e i-g**uai**s, as três vogais ficam na mesma sílaba. Esse encontro recebe o nome de **tritongo**.

ATIVIDADES

1 Leia as palavras abaixo e separe as sílabas. Em seguida, circule e classifique os encontros vocálicos, como no exemplo.

gaita → ga**i** - ta (ditongo)

Uruguai _____

oitava _____

outro _____

saguões _____

flauta _____

outono _____

faixa _____

cadeira _____

mandou _____

moeda _____

estouro _____

abaixar _____

saída _____

eixo _____

saúde _____

quaisquer _____

2 Leia em voz alta as palavras do quadro.

> abaixar   faixa   eixo   cadeira   estouro   outono

a) Você pronuncia essas palavras da mesma forma como as escreve? Explique.

_____

_____

b) Cite outras palavras com os ditongos **ai**, **ei** e **ou** que costumam apresentar diferenças entre a maneira como são escritas e o modo como são pronunciadas.

_____

_____

3 Todas estas palavras têm encontro vocálico. Separe-as em sílabas.

chapéu _____   ruim _____

ameixa _____   saúde _____

saída _____   história _____

4 Copie as palavras da atividade 3 organizando-as nos quadros abaixo.

palavras com ditongo	palavras com hiato

5 Pesquise em jornais e revistas palavras com ditongo e hiato e copie-as.

_____

_____

_____

_____

13

ORTOGRAFIA

Palavras que começam com h

Leia os versos e observe as palavras iniciadas por **h**.

H de Hora

Há hora pra tudo, dizem,
e tudo tem sua hora
mas ninguém fez no relógio
a hora de não ter hora

Elza Beatriz. In: *Poesia fora da estante*.
Vera Aguiar (coord.). Simone Assumpção e Sissa Jacoby.
Porto Alegre: Projeto, 1995.

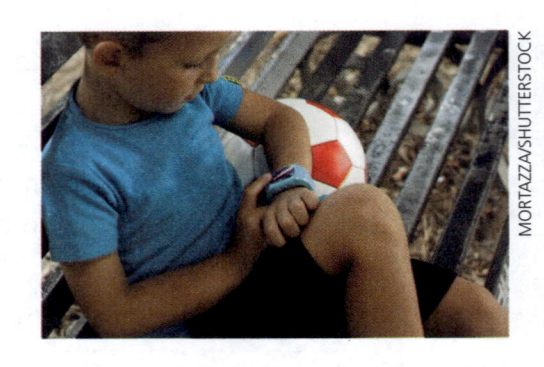

> Quando aparece no começo de uma palavra, o **h** não é pronunciado.

ATIVIDADES

1 Contorne as palavras do poema que começam com **h**.

_____

2 Na imagem abaixo estão desenhadas quatro figuras cujos nomes começam com a letra **h**. Descubra e escreva.

_____
_____
_____
_____

3 É com **h** ou sem **h**? Pesquise três palavras que comecem com vogais e três palavras que comecem com a letra **h**. Agora, junte-se a um colega: você vai ditar suas seis palavras para ele escrever. Atenção! Não vale dar dica sobre a ortografia! Depois, é a vez dele: escute com atenção e anote as palavras no caderno. Se precisar, peça a ele que repita. Vocês acertaram a escrita das palavras ditadas? Façam a correção.

UM TEXTO PUXA OUTRO

Leia esta tirinha e observe os asteriscos e as explicações referentes ao título.

BUGIO* E TUCANO*

POR WILLIAN RAPHAEL SILVA

— EU SOU O BUGIO, UM TÍPICO ANIMAL DA FAUNA DO BRASIL.

— BRASIL, NÉ? ENTÃO VOCÊ DEVE ESTAR FAMILIARIZADO COM O TERMO EXTINÇÃO?

— TALVEZ VOCÊ POSSA ME EXPLICAR.

Acervo do cartunista.

*Nosso personagem Bugio, de nome "Caco" e nome científico (*alouatta fusca*), habita originalmente a Mata Atlântica, está entre os maiores primatas da América Latina, medindo de 30 a 75 centímetros. A cauda, com até 80 cm, possui uma musculatura bem desenvolvida que contribui para o bugio se pendurar nos galhos. Sua pelagem é longa e varia de cor de acordo com as diferenças individuais, de idade e sexo. Os machos adultos apresentam cor avermelhada e as fêmeas um castanho-escuro, assim como os jovens. Um grupo de bugios pode apresentar de 3 a 12 indivíduos que são chefiados por um macho adulto. Sua principal característica é o grito que pode ser ouvido de longas distâncias.

*O "Tuca", nosso tucano de bico verde (*ramphastos dicolorus*) é uma ave famosa por ter um bico com cores, na maioria das vezes, muito chamativas. Seu bico, apesar de grande, está adaptado para pegar frutas e pequenos animais. Vítima de sua beleza, o tucano é alvo de tráfico. Muitas pessoas pensam que podem ter um tucano como ave de estimação.

Willian Raphael Silva. Bugio e Tucano. Disponível em: https://www.humorcomciencia.com/blog/bugio-e-tucano/. Acesso em: 22 jun. 2022.

1 Que personagem há em comum na tirinha e no conto da página 8?

_____

_____

2 Qual é o outro personagem da tirinha?

_____

_____

3 Onde os personagens da tirinha se encontram?

_____

_____

4 O que o personagem faz no primeiro quadrinho?

_____

_____

5 Onde podemos encontrar mais informações sobre ele?

_____

_____

6 Você sabe o que significa um animal estar ameaçado de extinção? Se não souber, faça uma pesquisa para descobrir e registre sua resposta.

_____

_____

_____

_____

7 Considerando a tirinha e o texto dos asteriscos, por que o macaco pede ajuda ao tucano para explicar o que é extinção?

_____
_____
_____

8 Agora, leia este trecho de uma notícia e responda às questões.

> O Brasil tem hoje pelo menos 3.299 espécies de animais e plantas ameaçadas de extinção. O número representa 19,8% do total de 16.645 espécies avaliadas pelo Instituto Brasileiro de Geografia e Estatística (IBGE) na pesquisa Contas de Ecossistemas: Espécies ameaçadas de extinção, divulgada nesta quinta-feira (5). O ecossistema mais degradado do país é a Mata Atlântica, seguida de perto pelo Cerrado e a Caatinga. [...]
>
> Roberta Jansen. Brasil tem mais de 3 mil espécies ameaçadas de extinção, afirma IBGE. *CNN Brasil*, 25 jun. 2021. Disponível em: https://www.cnnbrasil.com.br/nacional/brasil-tem-mais-de-3-mil-especies-ameacadas-de-extincao-afirma-ibge/. Acesso em: 22 jun. 2022.

a) Qual dos ecossistemas citados na notícia também aparece no texto da página 15?

_____

b) De acordo com a notícia, qual é a característica desse ecossistema?

_____

c) Além desse ecossistema, quais outros estão na lista?

_____

9 Releia este trecho.

> Nosso personagem Bugio, de nome "Caco" e nome científico (*alouatta fusca*), habita originalmente a Mata Atlântica, está entre os maiores primatas da América Latina, medindo de 30 a 75 centímetros.

a) Para que foram usadas as aspas?

_____

_____

b) Para que foram usados os parênteses?

_____

_____

c) Considerando suas respostas anteriores, por qual nome o macaco da tirinha é mais conhecido?

_____

10 Agora releia este outro trecho.

> O "Tuca", nosso tucano de bico verde (*ramphastos dicolorus*) é uma ave famosa por ter um bico com cores, na maioria das vezes, muito chamativas. Seu bico, apesar de grande, está adaptado para pegar frutas e pequenos animais. Vítima de sua beleza, o tucano é alvo de tráfico. Muitas pessoas pensam que podem ter um tucano como ave de estimação.

a) Qual é o nome científico do tucano de bico verde?

_____

_____

b) E o nome do personagem que representa esse animal?

_____

_____

c) Por que essa espécie é alvo do tráfico de animais?

_____

_____

PRODUÇÃO DE TEXTO

Reúna-se em grupo para escrever um conto de repetição e acumulação. Depois, vocês vão apresentar o texto aos colegas da turma.

Preparação

Antes de começar, leia um conto de repetição e acumulação bastante conhecido.

A casa que Pedro fez

Esta é a casa que Pedro fez.

Este é o trigo que está na casa que Pedro fez.

Este é o rato que comeu o trigo que está na casa que Pedro fez.

Este é o gato que matou o rato que comeu o trigo que está na casa que Pedro fez.

Este é o cão que espantou o gato que matou o rato que comeu o trigo que está na casa que Pedro fez.

Esta é a vaca de chifre torto que atacou o cão que espantou o gato que matou o rato que comeu o trigo que está na casa que Pedro fez.

Esta é a moça malvestida que ordenhou a vaca de chifre torto que atacou o cão que espantou o gato que matou o rato que comeu o trigo que está na casa que Pedro fez.

Este é o moço todo rasgado, noivo da moça malvestida que ordenhou a vaca de chifre torto que atacou o cão que espantou o gato que matou o rato que comeu o trigo que está na casa que Pedro fez.

Este é o padre de barba feita que casou o moço todo rasgado, noivo da moça malvestida que ordenhou a vaca de chifre torto que atacou o cão que espantou o gato que matou o rato que comeu o trigo que está na casa que Pedro fez.

Este é o galo que cantou de manhã que acordou o padre de barba feita que casou o moço todo rasgado, noivo da moça malvestida que ordenhou a vaca de chifre torto que atacou o cão que espantou o gato que matou o rato que comeu o trigo que está na casa que Pedro fez.

Este é o fazendeiro que espalhou o milho para o galo que cantou de manhã que acordou o padre de barba feita que casou o moço todo rasgado, noivo da moça malvestida que ordenhou a vaca de chifre torto que atacou o cão que espantou o gato que matou o rato que comeu o trigo que está na casa que Pedro fez.

Domínio público.

Escrita

Agora, nas linhas a seguir, crie com seu grupo, uma história semelhante à do conto "A casa que Pedro fez".

Ao escrever o conto, lembre-se de apresentar situações que se repetem e de acrescentar palavras, frases sempre na mesma ordem, até o final da narrativa. Dê um título ao conto.

_____
_____
_____
_____
_____
_____
_____
_____
_____
_____
_____
_____

Revisão

Releiam o conto, verificando se:
- é possível entender o que acontece na história;
- as palavras estão escritas corretamente.

Mostrem o texto ao professor.

Quando o professor devolver o texto, reescrevam o que for necessário.

Roda de leitura

Por fim, participe com seu grupo de uma roda de leitura de contos.

AMPLIANDO O VOCABULÁRIO

Nesta seção, você vai encontrar algumas palavras extraídas da lição e conhecer os diferentes sentidos que elas podem apresentar.

apanhar

(a-pa-**nhar**): 1. Recolher, pegar com as mãos ou com o auxílio de um objeto. Exemplo: *As crianças subiram na mangueira para apanhar mangas.*

2. Sofrer castigo físico. Exemplo: *Felizmente, as crianças de hoje não apanham mais dos pais.*

atormentar

(a-tor-men-**tar**): causar sofrimento a; sofrer. Exemplo: *A dor de cabeça constante a atormentava.*

degradar

(de-gra-**dar**): estragar, arruinar. Exemplo: *As fortes chuvas degradaram o solo.*

exasperado

(e-xas-pe-**ra**-do): irritado, exaltado. Exemplo: *O macaco ficou exasperado porque o lenhador não ligou para ele.*

oco

(**o**-co): que é vazio por dentro. Exemplo: *A colmeia foi feita em um tronco oco.*

LEIA MAIS

Giros: contos de encantar

Mila Behrendt. São Paulo: Cortez, 2017.

Nesse livro há vários contos cumulativos selecionados de vários países, que pertencem à tradição oral e foram adaptados pela autora.

Lá vem história

Heloísa Prieto. São Paulo: Companhia das Letrinhas, 2010.

O livro apresenta histórias do folclore mundial, adaptadas do programa da TV Cultura.

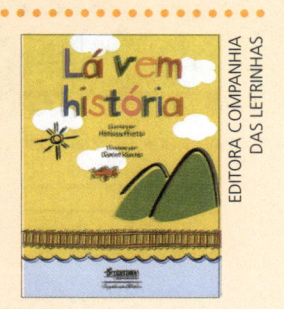

LIÇÃO 2

PROTEÇÃO AOS ANIMAIS

VAMOS COMEÇAR!

💬 Você tem ou conhece alguém que tenha um animal de estimação? De quais cuidados básicos eles necessitam?

Leia a propaganda e confira um dos cuidados que se deve ter com os animais de estimação.

Proteja seu melhor amigo

CAMPANHA NACIONAL DE VACINAÇÃO CONTRA A RAIVA

DISQUE SAÚDE 136
/minsaude
/ministeriodasaude
/MinSaudeBR

Previna-se!
Procure a Secretaria Municipal de Saúde para saber onde vacinar seu cão e gato.

- Vacine seu cão e gato a partir dos 3 meses de idade. A vacina contra a raiva é segura e fornecida de forma gratuita pelo SUS
- Se seu animal ficar doente, mantenha-o, se possível, dentro de casa e procure um médico veterinário
- A raiva é uma doença que mata, mas pode ser prevenida. A vacina contra a raiva protege seu cão e gato e também a sua família

Saiba mais em gov.br/saude

SUS | MINISTÉRIO DA SAÚDE | PÁTRIA AMADA BRASIL GOVERNO FEDERAL

MINISTÉRIO DA SAÚDE

Campanha nacional de vacinação contra a raiva do Ministério da Saúde.

ESTUDO DO TEXTO

1 A que público a propaganda se dirige?

_____

2 Que frase permite compreender qual é o público-alvo?

_____

_____

3 No cartaz aparece o seguinte texto "Campanha Nacional de Vacinação". A palavra **nacional** caracteriza a campanha, indicando que ela ocorre:

☐ na praça da cidade.

☐ em todo o território brasileiro.

☐ apenas na cidade em que o cartaz circula.

☐ em todo o estado no qual o cartaz é divulgado.

4 Se a pessoa quiser saber o local específico para vacinar seu cão ou gato, o que deve fazer?

_____

_____

5 Segundo o cartaz, a partir de que idade os animais podem participar da campanha?

_____

> A **propaganda** tem a intenção de convencer o leitor ou o ouvinte a participar e se envolver em uma campanha (seja ela de saúde, doações de alimentos, roupas, cuidados com o meio ambiente etc.) ou divulgar uma ideia. Na propaganda, empregam-se imagens e linguagem criativa. Os textos publicitários, como o **anúncio publicitário**, têm a intenção de convencer o leitor ou o ouvinte, por meio de imagem e linguagem criativa, a consumir um produto ou serviço.

6 É preciso pagar para vacinar os animais? Por quê?

_____

7 O que deve ser feito se o animal de estimação ficar doente? Por quê?

_____

_____

8 Em caso de dúvidas, para onde as pessoas devem ligar?

_____

_____

9 Observe as duas frases a seguir:

> **I.** Previna-se.

> **II.** Se previna.

a) Qual das duas frases foi utilizada na propaganda?

_____

b) Em sua opinião, por que foi utilizada essa forma e não a outra?

_____

_____

_____

Situação informal de uso da língua	Situação formal de uso da língua
Se previna.	Previna-se.
Quando a fala e a escrita podem ser mais coloquiais, porque temos proximidade com a pessoa ou quando a situação em que ocorre o ato de fala é menos formal. **Exemplos:** conversa com familiares, amigos, _e-mail_ para colegas etc.	Quando a situação de comunicação exige que sejam obedecidas fielmente as normas gramaticais, porque geralmente as pessoas não se conhecem ou possuem pouca ou quase nenhuma proximidade. **Exemplos:** em documentos, livros, discursos, palestras, seminários etc.

10 Imagine a seguinte situação: em determinado dia, você tem que levar seu cão ou gato para vacinar e não sabe onde há um posto de vacinação. Seu vizinho conhece bem o bairro onde moram e tem um cão que já foi vacinado nesse dia. Então, você vai perguntar a ele o local de vacinação.

a) Qual das frases abaixo você usaria para pedir informação?

> "– Me diga onde você vacinou seu cão, por favor?"
> "– Diga-me onde vacinou seu cão, por favor?"

b) Em seu dia a dia, para comunicar-se com amigos e familiares, você normalmente usa frases como a primeira ou a segunda indicadas no item **a**? Por quê?

11 Leia as frases a seguir.

> "Fale-me a hora em que você vai chegar!"
> "Sirva-me um copo de suco, por favor!"
> "Empreste-me um lápis de cor da sua caixa."

Você acharia estranho se algum familiar ou colega se dirigisse a você e usasse frases como essas? Por quê?

ESTUDO DA LÍNGUA

Encontro consonantal

> Quando duas ou mais consoantes pronunciadas aparecem juntas em uma mesma palavra, temos um **encontro consonantal**.

O encontro consonantal pode ocorrer:
- na mesma sílaba. Exemplos: ou-tu-**br**o, se-**cr**e-ta-ria, **pr**o-te-ge.
- em sílabas separadas. Exemplo: ge**s**-**t**ão.

ATIVIDADES

1 Separe as sílabas das palavras destacadas. Observe os encontros consonantais.

a) **Glória** foi à **biblioteca pública**.

_____

b) O **atleta** participou do **treino**.

_____

c) **Clóvis** não esquece **absolutamente** nada.

_____

2 Circule os encontros consonantais das palavras do quadro.

glacê	admirar	segredo	planeta	clorofila
aclamação	cacto	abrigar	globo	própria
dragão	lágrima	graça	preço	secretaria

3 Forme frases com as palavras de cada item.

a) trabalho – criança – escola

_____

b) aprender – prazer – aluno

_____

4 Complete estas palavras com br, cr, dr, fr, gr, pr, tr e vr.

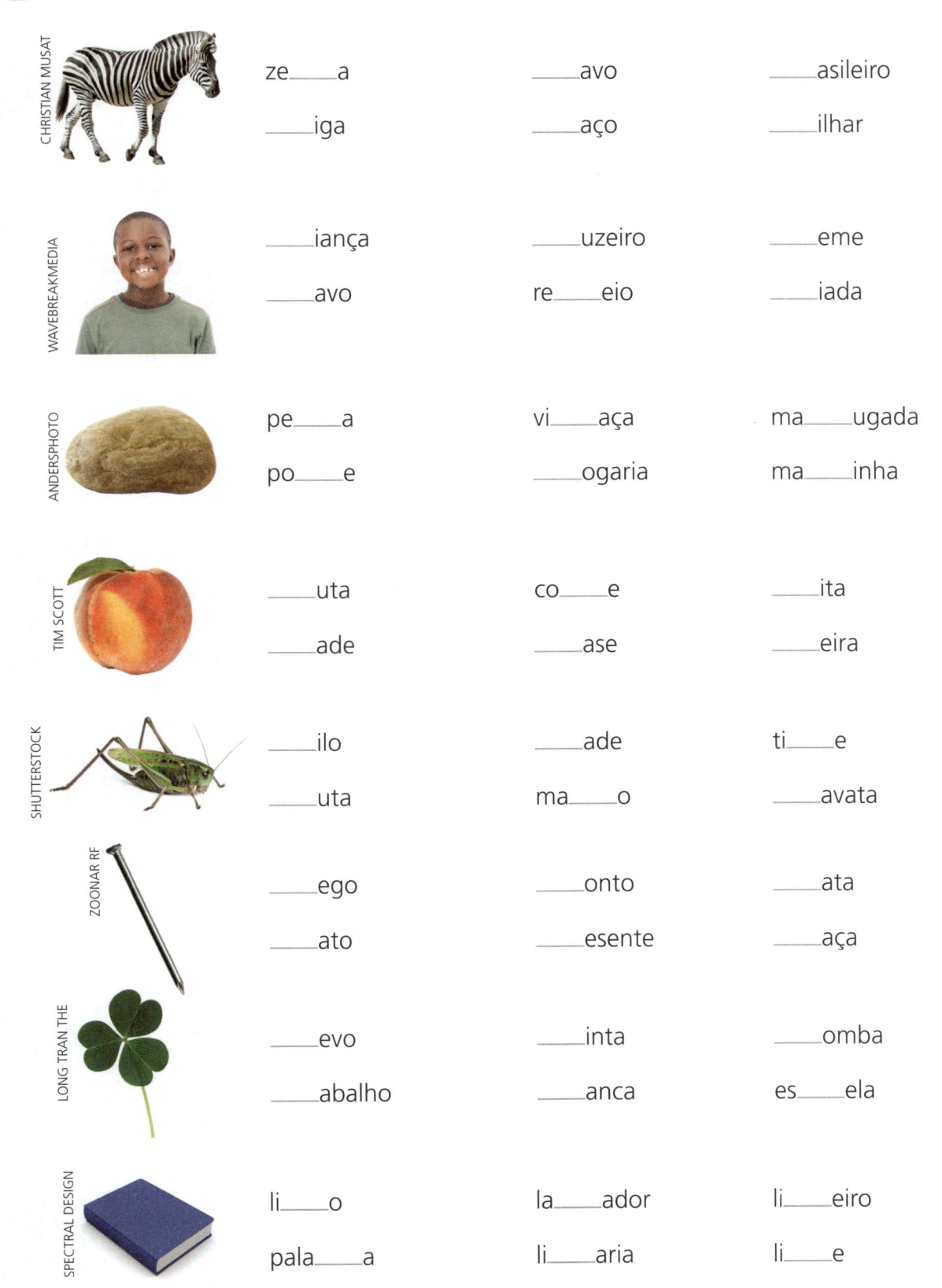

ze____a   ____avo   ____asileiro
____iga   ____aço   ____ilhar

____iança   ____uzeiro   ____eme
____avo   re____eio   ____iada

pe____a   vi____aça   ma____ugada
po____e   ____ogaria   ma____inha

____uta   co____e   ____ita
____ade   ____ase   ____eira

____ilo   ____ade   ti____e
____uta   ma____o   ____avata

____ego   ____onto   ____ata
____ato   ____esente   ____aça

____evo   ____inta   ____omba
____abalho   ____anca   es____ela

li____o   la____ador   li____eiro
pala____a   li____aria   li____e

27

Dígrafo

Leia.

> Se seu animal ficar doente, mantenha-o, se possível, dentro de casa e procure um médico veterinário.

Nas palavras **mantenha** e **possível** aparecem duas letras juntas, **nh** e **ss**, que representam um único som.

> Quando, na mesma palavra, duas letras representam um único som, elas formam um **dígrafo**.

Os principais dígrafos são:

ch	**ch**eio – **ch**apéu	rr	co**rr**eio – e**rr**o
lh	mu**lh**eres – pi**lh**a	ss	gira**ss**ol – pa**ss**o
nh	so**nh**ar – ba**nh**o	sc	na**sc**er – pi**sc**ina
gu	san**gu**e – se**gu**inte	sç	de**sç**a – cre**sç**a
qu	mo**qu**eca – le**qu**e	xc	e**xc**eto – e**xc**eção

Também são dígrafos os grupos:

am em im om um an en in on un

Eles são dígrafos porque representam vogais nasais. Exemplos:

am, an = ã	c**am**po – c**an**to	om, on = õ	s**om**bra – t**on**ta
em, en = ẽ	s**em**pre – m**en**te	um, un = ũ	alg**um** – im**un**do
im, in = ĩ	l**im**po – l**in**do		

Os dígrafos **rr**, **ss**, **sc**, **sç** e **xc** ficam sempre em sílabas separadas.

ciga**rr**a – ci-ga**r**-**r**a	na**sc**ido – na**s**-**c**i-do	e**xc**eção – e**x**-**c**e-ção
o**ss**o – o**s**-**s**o	cre**sç**a – cre**s**-**ç**a	e**xc**eto – e**x**-**c**e-to

Os dígrafos **ch**, **nh**, **lh**, **gu** e **qu** não se separam.

> **ch**uva – **ch**u-va   fo**gu**eira – fo-**gu**ei-ra
> di**nh**eiro – di-**nh**ei-ro   **qu**ilo – **qu**i-lo
> fo**lh**agem – fo-**lh**a-gem

Atenção! Nas palavras em que as duas letras são pronunciadas, os grupos **gu**, **qu**, **sc** e **xc** não são dígrafos.

> lin**gu**iça   tran**qu**ilo
> e**sc**ada   e**xc**lamar

ATIVIDADES

1 Destaque os dígrafos, como no modelo, e copie a palavra.

> gafanhoto – **nh** gafa**nh**oto

compressa _____   ilha _____

assoalho _____   manhã _____

carro _____   passo _____

chuvisco _____   nascido _____

foguete _____   quero _____

2 Escreva duas palavras para cada um destes dígrafos.

ch _____   rr _____

lh _____   ss _____

nh _____   sc _____

gu _____   sç _____

qu _____   xc _____

ORTOGRAFIA

Palavras com qu, gu, c e g

1 Leia esta frase do texto "A bola", observando os destaques das palavras

> Conse**gu**iu e**qu**ilibrar a bola no peito do pé, **co**mo antigamente, e chamou o **ga**roto.
>
> Luís Fernando Veríssimo. *Comédias para se ler na escola*: apresentação e seleção de Ana Maria Machado. Rio de Janeiro: Objetiva, 2010.

a) O que você percebeu quanto ao som de **qu** e **c** nas palavras **equilibrar** e **como**?

_____

b) O som do **g** é o mesmo nas sílabas **guiu** (conseguiu) e **ga** (garoto)?

_____

2 Use qu ou gu e complete estas palavras.

es____eleto   moran____inho   alu____el

ami____inha   par____e   che____e

ban____inho   pin____inho   le____e

3 Complete estas palavras com c ou g e depois escreva-as.

____omprar _____   ____ara _____

lu____ar _____   ____ritar _____

____onseguir _____   pêsse____o _____

o____upado _____   ____raças _____

lar____ar _____   ____alçada _____

____rudado _____   ____rama _____

4 Complete as palavras das frases com c ou qu.

a) Minha amiguinha comprou _____eijo e geleia.

b) _____omo não sabíamos o _____aminho, ele _____eria voltar para _____asa.

c) O mole_____e _____orria pela _____alçada.

d) O menino ganhou um bar_____inho bran_____inho.

e) _____ando chegamos, o lugar já estava o_____upado.

f) Papai foi fazer o depósito do che_____e e do aluguel da _____asa.

5 Forme frases com estas palavras.

minguante – Lua

_____

curiosidade – gato

_____

conseguir – lugar

_____

6 Leia com atenção estas palavras do quadro.

| fo**go** – fo**guinho** | man**ga** – man**guinha** |
| co**co** – co**quinho** | maca**ca** – maca**quinha** |

Siga o modelo.

prego _____   faca _____

amigo _____   caco _____

macaco _____   manteiga _____

vaca _____   cerca _____

frango _____   barriga _____

As palavras terminadas em **ga** ou **go** formam o diminutivo em **guinha** ou **guinho**.
As palavras terminadas em **ca** ou **co** formam o diminutivo em **quinha** ou **quinho**.

UM TEXTO PUXA OUTRO

Leia este texto publicado na coluna Prevenção e Combate a Doenças do *site* da Secretaria de Saúde do Rio Grande do Sul.

Raiva

A raiva é uma zoonose viral. Todos os mamíferos são suscetíveis ao vírus da raiva e, portanto, podem transmiti-la. No Brasil, os morcegos e os cães são fontes importantes de infecção.

A transmissão da raiva se dá pela penetração do vírus presente na saliva do animal infectado, principalmente pela mordida, arranhão ou lambida de mucosas. O vírus atinge o sistema nervoso central e, a partir daí, dissemina-se para vários órgãos e glândulas salivares, sendo eliminado pela saliva das pessoas ou animais enfermos.

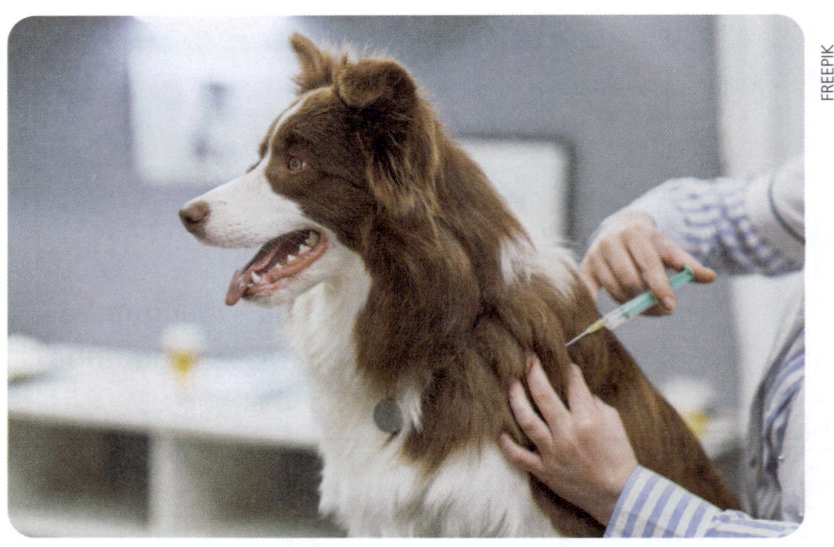

Não há tratamento comprovadamente eficaz para a raiva. Poucos pacientes sobrevivem à doença, a maioria com sequelas graves. Por isso, a prevenção é muito importante. Em caso de possível exposição ao vírus rábico, seja por mordida, lambida ou arranhão, é importante lavar imediatamente o local com água corrente e sabão em abundância e procurar assistência médica para, se necessário, aplicação de vacina e/ou soro antirrábico. O contato indireto, como a manipulação de utensílios potencialmente contaminados e a lambida na pele íntegra, não são considerados acidentes de risco e não exigem ações de profilaxia, isto é, vacinação ou aplicação de soro.

Disponível em: https://saude.rs.gov.br/raiva. Acesso em: 22 ago. 2022.

1 Qual é a relação entre a propaganda lida no início desta lição e o texto da página anterior?

2 Você sabe o que é uma zoonose? Pesquise no dicionário o significado da palavra e registre-o abaixo.

3 Como a raiva é transmitida?

4 Segundo o texto, não há tratamento eficaz para a raiva. O que deve ser feito para preveni-la?

PRODUÇÃO DE TEXTO

Você vai formar um grupo com alguns colegas e criar com eles uma propaganda — com uma imagem e um texto curto — para fazer parte de uma campanha para manter a escola limpa. Ela será colocada no pátio ou no corredor e será lida pelos alunos de outras turmas, por professores e funcionários da escola.

Vocês vão precisar de uma folha de cartolina ou de outro papel bem resistente, canetas e/ou lápis coloridos, cola, tesoura e revistas que possam ser recortadas.

Preparação

Para inspirar-se para esta produção de texto, observem mais estas propagandas. Vejam que a imagem sempre tem relação com o texto.

Campanha do Agasalho do Governo do Estado de São Paulo.

Campanha de vacinação do Ministério da Saúde.

Campanha de reciclagem de cartões, pilhas e baterias.

Produção

Vocês vão tentar, na propaganda, convencer alunos, professores e funcionários a manter a escola limpa e vão pedir a todos eles que joguem o lixo nos cestos de lixo.

Para que os leitores da propaganda pelo menos pensem sobre o assunto, vocês podem explicar quais são as vantagens de estudar e trabalhar em um ambiente limpo, ou podem mostrar as desvantagens de passar tantas horas em um ambiente sujo. Ou, ainda, podem mostrar as duas coisas.

Na propaganda, deve haver uma imagem e um texto curto que tenham relação entre si.

Criem frases curtas e dirijam-se diretamente aos leitores, usando verbos que mostrem pedidos, sugestões (faça, limpe, não jogue, não suje etc.).

Destaquem a imagem, pois ela vai ser responsável por chamar a atenção das pessoas que estiverem passando pela propaganda. A imagem pode ser um desenho, uma pintura ou uma colagem com recortes de revista.

Planejem em que parte do papel vai ficar a imagem e onde ficará o texto.

a) Qual é o tema escolhido pelo grupo?

_____

b) Registre aqui frases que podem compor seu cartaz.

_____

_____

_____

Revisão e finalização

Antes de colar ou desenhar a figura e passar as frases a limpo, vejam se:
- os leitores vão entender o que está sendo pedido/sugerido a eles;
- vocês estão dando às pessoas um motivo para participar da campanha;
- a imagem tem relação com o texto;
- as palavras estão escritas corretamente.

Reescrevam o que for necessário e mostrem o que planejaram ao professor. Depois da correção dele, finalizem a propaganda.

Afixem a propaganda no local determinado pelo professor.

AMPLIANDO O VOCABULÁRIO

clorofila
(clo-ro-**fi**-la): substância que dá a cor verde às plantas, e que é necessária para a realização da fotossíntese.

disseminar
(dis-se-mi-**nar**): 1. Fazer espalhar, ou espalhar-se em muitas direções. Exemplo: *O vento dissemina as sementes.* 2. Difundir-se, propagar-se. Exemplo: *A notícia disseminou-se rapidamente.*

enfermo
(en-**fer**-mo): aquele que está doente.

mucosa
(mu-**co**-sa): membrana, sempre um pouco úmida, que reveste internamente certos órgãos.

sequela
(se-**que**-la): 1. Consequência, efeito de uma causa. 2. Perturbação ou lesão que permanece após uma doença.

suscetível
(sus-ce-**tí**-vel): capaz, apto para receber, ter ou experimentar.

viral
(vi-**ral**): causado por vírus (agente infeccioso, visível apenas ao microscópio).

zoonose
(zo-o-**no**-se): 1. Qualquer doença que pode se manifestar nos animais. 2. Doença infecciosa que é transmitida ao ser humano por animais.

LEIA MAIS

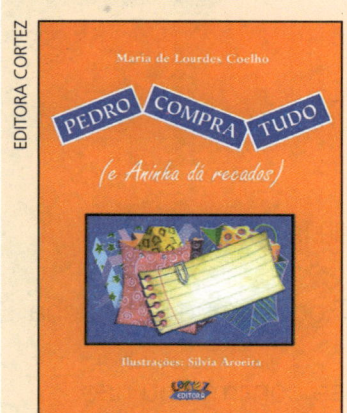

Pedro compra tudo (e Aninha dá recados)

Maria de Lourdes Coelho. São Paulo: Cortez, 2015.

Pedro compra tudo que vê pela frente, sem pensar. Basta ver uma propaganda de um produto e ele logo quer tê-lo. Já Aninha é bem diferente. Escolhe com cuidado os produtos, pesquisa preços, pensa bem antes de comprar: é uma consumidora consciente. Conheça as aventuras dessas duas crianças.

O Rei de Quase-Tudo

Eliardo França. São Paulo: Global, 2011.

É a história de um rei que vivia insatisfeito. Quanto mais tinha, mais queria: todas as terras, todos os exércitos, todo o ouro do mundo. Até que quis as estrelas, o Sol, as frutas, as flores e os pássaros.

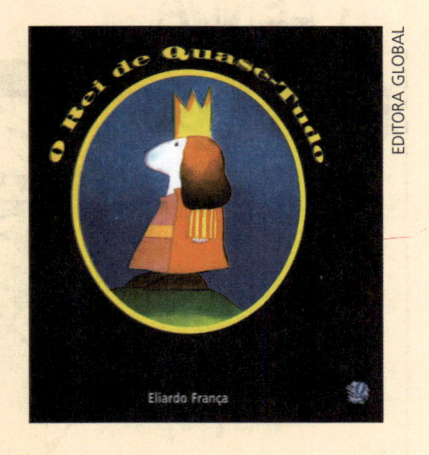

A publicidade

Alexia Delrieu e Sophie de Menthon. São Paulo: Ática, 2008.

Um alerta para que as crianças sejam consumidoras atentas e críticas em relação à publicidade.

LIÇÃO 3

A LENDA DO PAPA-FIGO

VAMOS COMEÇAR!

Você conhece os personagens Maluquinho e Carolina? Onde já viu esses personagens?

Leia o título da história em quadrinhos. Quem será o Papa-Figo? O que você acha que pode acontecer com os personagens nesta história?

Leia a história em quadrinhos e veja se o que você pensou se confirma ou não.

1

A LENDA DO PAPA-FIGO

— OBRIGADA PELO SORVETE, MALUQUINHO!

— DE NADA. OLHA, AINDA SOBROU UM TROQUINHO DA MESADA!

EDITORA GLOBO

2

— O QUE SE PODE FAZER DE LEGAL COM 5 "PILAS"?

3

Madame Zenóbia
LÊ SEU FUTURO E TRAZ A PESSOA AMADA

— HUM...

38

4 — AH, VAI... VOCÊ NÃO ESTÁ SUGERINDO QUE...

5 — TÁ SIM!

6 — LICENÇA... MEU AMIGO AQUI QUER SABER O DESTINO DELE!
— CLARO... 5 REAIS!

7 — FALA SÉRIO! QUE DESPERDÍCIO!
— ME DÁ SUA MÃO DIREITA!

8 — TEM UMA MANCHA OBSCURA ATRAPALHANDO A SUA VIDA!
— DEVE SER DO SORVETE. NÃO DEU PRA LAVAR AS MÃOS!

9 — NADA DISSO. VEJO NESSAS LINHAS QUE SE CRUZAM UM SER DAS SOMBRAS PERSEGUINDO VOCÊ!
— NHÉ?! QUEM IRIA FAZER ISSO?

10. SÓ PODE SER... O PAPA-FIGO!

11. PAPA O QUÊ?
UM HOMEM SINISTRO QUE PEGA AS CRIANÇAS... PRA COMER O "FIGO" DELAS!

12. A SENHORA QUER DIZER FÍGADO, NÉ?
ISSO! COMER O FÍGADO!

13. ...MAS NÃO SE PREOCUPE. MADAME ZENÓBIA TEM A SOLUÇÃO!

14. PRONTO. ESTE AMULETO VAI TE PROTEGER DE TODO O MAL!

15. NOSSA... ISSO PESA!

40

16 — PELO MENOS VOCÊ ESTÁ PROTEGIDO! / FOI TENSO!

17 — ESSA HISTÓRIA DE PAPA-FIGO É BEM MACABRA! / ATÉ ARREPIEI...

18 — QUE BOM QUE CONSEGUI SALVAR SUA VIDA! / COMO ASSIM ME SALVAR?

19 — SE EU NÃO TIVESSE TE LEVADO PARA LER A SORTE, VOCÊ NÃO SABERIA SOBRE O PAPA-FIGO NEM TERIA RECEBIDO O AMULETO E... / O AMULETO! CADÊ O AMULETO?

20 — UAI? TAVA PENDURADINHO NO CORDÃO... / IH! TÔ LASCADO!

21 — RÁPIDO! NÃO POSSO FICAR DESPROTEGIDO!

22 — EI, MENINO...

23. O PAPA-FIGO! — VENHA CÁ!

24. PAREM! QUERO FALAR COM VOCÊ, MENINO! — EU NÃO FALO COM ESTRANHOS!

25. DEPRESSA, CAROL! ELE TÁ ALCANÇANDO A GENTE!

26. POR AQUI, MALUQUINHO!

27.

28. MENINO! MENINO!

29. FOI EMBORA? — HUM, HUM!

30
E SE A GENTE CHAMAR A POLÍCIA?
PRA DIZER O QUÊ? QUE UMA CRIATURA DO MAL QUER JANTAR O MEU FÍGADO?
31
TEM RAZÃO. NINGUÉM VAI ACREDITAR!
MELHOR IR PRA CASA E NÃO SAIR POR PELO MENOS DEZ ANOS!
32
FINALMENTE PEGUEI VOCÊ!
AH!
2
33
DEU A VOLTA NO QUARTEIRÃO!
NÃO DÁ PRA FUGIR DELE! É... É SOBRENATURAL!
34
MENINO MAU... FAZENDO UM VELHO CORRER ASSIM ATRÁS DE VOCÊ...

35. ...SÓ PRA DEVOLVER ESSA COISA QUE VOCÊ DEIXOU CAIR LÁ LONGE!
HÃ?
COF! COF!

36. DA PRÓXIMA VEZ, CUIDE MELHOR DOS SEUS PERTENCES!
UAU!

37. HUA! HUA! HUA! HUA! HUA! HUA! HUA!
QUE VIAGEM...

38. O SENHORZINHO ERA BACANA E A GENTE FUGINDO FEITO BOBOS...
MADAME ZENÓBIA ERROU FEIO NESSA!

39. PAPA-FIGO, TSC, TSC...
ALIÁS... NÃO PRECISO MAIS DISSO!

40. PEI!
AI, MINHA CABEÇA!

44

41 OK! ADMITO QUE A MADAME ACERTOU QUE EU SERIA PERSEGUIDO...

...MAS, DE PROTETOR, O AMULETO DELA NÃO TEM NADA!

VOU TE ARRANCAR O FÍGADO, SEU DESASTRADO!!!

42

FIM

Ziraldo. A lenda do Papa-Figo. *Maluquinho assombrado.*
São Paulo: Globo, 2012. p. 79-85.

ESTUDO DO TEXTO

1 Agora que você já sabe quem é o Papa-Figo, converse com os colegas.

a) Sua opinião sobre o que poderia acontecer com o Menino Maluquinho e a Carolina na história em quadrinhos se confirmou ou não? Explique.

b) Você acha que o título "A lenda do Papa-Figo" dá alguma pista sobre o tipo de história lida?

2 A história que você acabou de ler foi publicada em um livro. Qual é o título desse livro?

_____

3 Além de Maluquinho e Carolina, que outros personagens participam da história?

_____
_____

4 A ideia de consultar Madame Zenóbia não partiu de Maluquinho.

Que falas desse personagem provam que ele, a princípio, não estava acreditando nos poderes de adivinhação da Madame?

_____
_____
_____

A história do Papa-Figo é muito usada pelos adultos para alertar as crianças sobre o perigo de falar com estranhos. O Papa-Figo faz parte de um conjunto de histórias do nosso folclore denominado **mito urbano**, isto é, histórias transmitidas oralmente que se passam em ambientes da cidade. Em geral, essas histórias são contadas para provocar medo nos ouvintes, principalmente nas crianças.

5 Você conhece outros mitos urbanos que provocam medo nas crianças? Quais?

_____
_____
_____
_____

6 Marque um **X** nas alternativas que podem completar o que se afirma a seguir. Maluquinho acreditou nas previsões de Madame Zenóbia, pois:

☐ aceitou o amuleto que ela lhe deu.

☐ sentiu-se desprotegido quando perdeu o amuleto.

☐ perdeu o amuleto.

7 Neste quadrinho, Maluquinho demonstra ter entendido a mensagem do mito urbano "Papa-Figo"? Por quê?

PAREM! QUERO FALAR COM VOCÊ, MENINO!

EU NÃO FALO COM ESTRANHOS!

_____
_____
_____
_____
_____
_____

8 Como o leitor fica sabendo onde as crianças estão escondidas?

_____
_____
_____
_____
_____

9 Observe os quadrinhos a seguir e responda às perguntas.

a) Por que os personagens se assustam?

_____
_____

b) Que recursos foram utilizados nesses quadrinhos para mostrar que as crianças e o gato estão assustados?

_____

_____

_____

10 A história em quadrinhos "A lenda do Papa-Figo" tem a intenção de provocar humor no leitor. Em quais quadrinhos essa intenção fica bem clara?

_____

11 Nos quadrinhos a seguir, identifique os elementos que indicam movimento, como caminhada, corrida, arremesso de um objeto.

_____

_____

_____

_____

_____

As **HQs** são histórias contadas por meio de quadros organizados em sequência: um conjunto de quadrinhos constrói uma história. Nesses quadros, podemos encontrar apenas desenhos ou desenhos e textos.

12 Veja como Madame Zenóbia explica para Maluquinho e Carolina quem é o Papa-Figo.

> Um homem sinistro que pega as crianças... pra comer o "figo" delas!

Maluquinho entendeu o que Madame Zenóbia quis dizer? Confirme sua resposta com uma fala do menino.

_____

_____

> No título do mito urbano "Papa-Figo", a palavra **figo** é empregada no lugar de **fígado**. Por se tratar de uma história transmitida oralmente, o título registra o modo de falar de algumas pessoas.

13 Nas histórias em quadrinhos, geralmente os personagens empregam a linguagem informal, isto é, aquela usada em situações orais em que temos proximidade com quem conversamos.

a) Leia esta fala de Maluquinho.

> O que se pode fazer de legal com 5 "pilas"?

Quais palavras indicam o uso de linguagem informal?

_____

b) Compare a fala de Maluquinho com a frase a seguir.

> O que se pode fazer de interessante com 5 reais?

Em sua opinião, que linguagem é mais adequada para a HQ lida?

_____

_____

_____

14 Releia as falas de Carolina e Maluquinho nos quadrinhos a seguir.

> SE EU NÃO TIVESSE TE LEVADO PARA LER A SORTE, VOCÊ NÃO SABERIA SOBRE O PAPA-FIGO NEM TERIA RECEBIDO O AMULETO E...
>
> O AMULETO! CADÊ O AMULETO?
>
> UAI? TAVA PENDURADINHO NO CORDÃO...
>
> IH! TÔ LASCADO!

EDITORA GLOBO

a) O diálogo entre os personagens mostra uma situação formal ou informal de comunicação?

_____

b) Quais expressões usadas nos quadrinhos acima justificam sua resposta ao item **a**?

_____

15 Leia a fala de Carolina com alteração e acréscimo de algumas palavras.

> – Se eu não tivesse te levado para a Madame Zenóbia ler a tua sorte, tu não saberias sobre o Papa-Figo, nem terias recebido o amuleto e...

No lugar onde você mora, é mais comum as pessoas usarem uma linguagem parecida com a fala da Carolina na HQ ou com a fala escrita acima?

_____

16 Antes de afirmar que o amuleto estava pendurado no cordão, Carolina usa uma expressão que exprime espanto e surpresa.

a) Que expressão é essa?

_____

b) Essa expressão é muito utilizada na linguagem de um estado do Brasil. Você sabe que estado é esse?

_____

c) Se você não mora nesse estado, que expressão costuma utilizar para exprimir espanto e surpresa?

_____

_____

17 Ao tomar conhecimento do sumiço do amuleto, Maluquinho afirma: "– Ih! Tô lascado!".

a) Essa expressão faz parte da linguagem formal ou informal?

_____

b) Ela é mais usada em uma situação de fala ou de escrita?

_____

c) Em linguagem formal, como essa expressão poderia ser escrita?

_____

_____

18 Volte à HQ "A lenda do Papa-figo", nas páginas 38 a 45, e procure exemplos em que a linguagem é mais informal e característica de uma situação de fala. Copie essas falas nas linhas abaixo.

_____

_____

_____

_____

ESTUDO DA LÍNGUA

Sílaba tônica: classificação

Vamos relembrar:

Classificação	Oxítonas	Paroxítonas	Proparoxítonas
sílaba tônica	última	penúltima	antepenúltima
Exemplos	nin**guém** quartei**rão**	amu**le**to senhor**zi**nho	**fí**gado **rá**pido

Você notou, nesses exemplos, que algumas palavras são acentuadas e outras não? É isso mesmo: apenas algumas palavras recebem acento gráfico – agudo ou circunflexo. Para saber quando acentuar as palavras, é preciso conhecer algumas regras, que vamos estudar nas próximas lições.

ATIVIDADES

1 Observe os quadrinhos abaixo, extraídos da HQ "A lenda do Papa-Figo".

a) Qual é a sílaba tônica das palavras **polícia** e **fígado**?

_____

b) Circule a sílaba tônica das palavras abaixo.

    razão   ninguém   melhor   acreditar

c) Como você identificou a sílaba tônica nas palavras dos itens **a** e **b**?

_____

2 Sublinhe a sílaba tônica das palavras a seguir.

rápido	fascículo	animal
anel	estômago	mulher
café	boneca	anzol
panela	maldade	ecológico
sítio	pássaro	amuleto
testa	príncipe	solução

3 Classifique as palavras em oxítona O , paroxítona P ou proparoxítona PP .

obturação _____	cachorro _____	canção _____
jornal _____	lâmpada _____	lágrima _____
música _____	água _____	açúcar _____
ônibus _____	escritor _____	mecânico _____

4 Escreva a sílaba tônica destas palavras e classifique-as.
Veja o exemplo.

bola — bo — paroxítona

limpo — ☐ — _____

direção — ☐ — _____

apagador — ☐ — _____

mármore — ☐ — _____

caderno — ☐ — _____

escola — ☐ — _____

abóbora — ☐ — _____

ORTOGRAFIA

Emprego de m ou n

Antes de **p** e **b** e, geralmente, em final de palavra, usamos a consoante **m**.
Antes de outras consoantes, usamos **n**.

ATIVIDADES

1 Leia o poema a seguir.

> Meu nome é ASPAS
> Sou muito badalado
> E venho sempre acompanhado
> Sou usado com elegância
> Em frases, falas e palavras,
> Que merecem destaque e importância.
>
> Texto das autoras.

a) Em quais palavras dos versos acima, a letra **m** aparece antes de **p**?

_____

b) Quais palavras terminam com a letra **m**? Em que palavra a letra **n** vem antes de **c**?

_____

1 Complete com am, em, im, om, um. Depois, copie as palavras e separe as sílabas.

Complete	Copie	Separe as sílabas
____baixo		
ch____bo		
C____prido		
l____po		
____bigo		

2 Complete as palavras com **m** ou **n**.

ve__to   so__bra   pe__te   bri__car
jove__   se__ente   i__seto   e__xugar
te__poral   po__bal   fo__te   e__purrar
ta__bém   pla__tar   estuda__   e__brulhar

54

3 Agora complete com an, en, in, on, un.

red____do   r____da   c____tura   ____feite

____visível   ja____to   f____do   ____tigo

p____tera   p____tor   m____dar   ____golir

4 Leia as palavras e escreva-as nas colunas adequadas.

simpático	pimpolho	enviar	limpa
enxada	anfíbio	combate	cumbuca
afinco	tonto	manjar	enxergar
ambulatório	comprido	ondas	lâmpada
assunto	panqueca	desempregado	símbolo
antes	enciumado	complicar	ampliar

M antes de P e B	N antes de outras consoantes

Parlendas são versos com palavras que rimam entre si e que proporcionam divertimento e aprendizagem.

5 Complete a parlenda colocando **m** ou **n** nas palavras.

Hoje é domingo
Pede cachi____bo
O cachimbo é de barro
Bate no jarro
O jarro é fino
Bate no sino
O sino é de outro

Bate no touro
O touro é vale____te
Bate na ge____te
A ge____te é fraco
Cai no buraco
O buraco é fu____do
Acabou-se o mu____do.

Domínio público.

6 Contorne com a mesma cor as rimas da parlenda.

55

UM TEXTO PUXA OUTRO

Leia a lenda do Papa-Figo narrada em versos.

Papa-Figo

Havia um velho ricaço,
Com fortuna incalculável,
Que morava bem afastado,
Pois tinha um mal incurável.

As pessoas o evitavam
Por repugnância ou medo,
Suas orelhas eram enormes
E a mão, quase sem dedo.

Mantinha a esperança de cura
Ordenando que o criado
Saísse na rua à procura
De meninos alimentados.

Atraía os inocentes
Na saída das escolas,
Com balas, doces, brinquedos,
Chapéus coloridos e bolas.

Acreditava que fígado jovem
Regeneraria seu sangue,
E sacos com garotos
Chegavam à sua casa no mangue.

O velho safado ainda hoje
Amedronta o Recife inteiro;
A polícia não o mete nas grades
Por causa de seu dinheiro.

Menino bonito e saudável,
Escute um conselho amigo:
Não saia da escola sozinho
Ou encontrará Papa-Figo!

Mario Bag. *Papa-Figo e outras lendas do Brasil*. São Paulo: Paulinas, 2008. p. 16.

1 Como o texto descreve o Papa-Figo fisicamente?

_____

2 De acordo com o texto, em que lugar do Brasil essa lenda é mais conhecida?

_____

3 Muitas lendas foram criadas com o objetivo de educar as crianças, fazendo uso de algum perigo imaginário para assustá-las caso não obedecessem. Qual parece ser o objetivo da lenda do Papa-Figo?

_____

4 Como são marcadas as rimas do poema?

☐ O primeiro verso rima com o terceiro.

☐ O segundo verso rima com o quarto.

5 Copie as palavras que rimam.

_____

_____

6 Faça uma lista das palavras do poema que você não conhece. Depois, procure o significado delas no dicionário e escreva.

_____

_____

7 Reescreva a lenda do Papa-Figo com suas palavras.

_____

_____

_____

_____

_____

PRODUÇÃO DE TEXTO

Preparação

Que tal fazer uma apresentação do seu personagem de HQ preferido para os colegas?

Planejamento e escrita

Para planejar sua apresentação, siga algumas etapas.
Escolha o personagem de HQ e pesquise para saber:
- quem é o criador desse personagem;
- quais são suas características;
- de que tipo de história ele participa (de aventura, terror, humor etc.);
- uma curiosidade sobre ele.

Você pode fazer sua pesquisa em livros, revistas, *sites*; em casa, no laboratório de informática, na biblioteca; sozinho ou com a ajuda do professor. O importante é que você pesquise as informações solicitadas e as registre em seu caderno.

Procure responder o que torna esse personagem interessante. Formule mentalmente frases para justificar a escolha pessoal do personagem. Veja estes exemplos:

> ESCOLHI TINTIM COMO MEU PERSONAGEM FAVORITO PORQUE, COMO ELE É BASTANTE INTELIGENTE, CONSEGUE DESVENDAR GRANDES MISTÉRIOS, O QUE TORNA SUAS HQS SURPREENDENTES.

> CALVIN É MEU PERSONAGEM PREDILETO PORQUE ELE É CHEIO DE IMAGINAÇÃO: CONSEGUE DAR VIDA A SEU TIGRE HAROLDO E, MUITAS VEZES, ACREDITA QUE SE TRANSFORMA EM UM DINOSSAURO OU EM UM SER INTERPLANETÁRIO. ENFIM, SUAS HQS APRESENTAM MUITAS AVENTURAS.

Nas linhas a seguir, escreva um texto que será a base da sua apresentação oral. Ele deverá conter todas as informações sobre seu personagem e deixar claros os motivos que levaram você a escolhê-lo. Você também pode fazer um cartaz para apresentar seu personagem favorito aos ouvintes. Atente-se para a escrita e para a acentuação correta das palavras, além da pontuação e organização das frases.

_____
_____
_____
_____
_____

Revisão e reescrita

Releia o texto que você escreveu, confira se quer substituir palavras ou frases, se quer acrescentar mais informações sobre o personagem e, se achar necessário, peça orientação ao professor ou a um familiar. Após essa revisão, proceda à edição final do texto.

Apresentação

Depois de revisar e reescrever o texto, você estará quase preparado para se apresentar. Treine em casa, como se estivesse olhando para seu público.

No dia da apresentação, traga para a sala de aula, se possível, revistas de HQs ou livros que contenham histórias em quadrinhos, preferencialmente com o personagem que você escolheu, e compartilhe esse material com os colegas.

Você pode fazer perguntas sobre o personagem preferido do colega logo após a apresentação, principalmente se sentir curiosidade de conhecer as histórias desse personagem.

Na hora da sua apresentação:
- fale clara e pausadamente as palavras, usando um tom de voz que possibilite a todos ouvir você;
- cuide para que a linguagem seja mais formal, evitando pronunciar as palavras de forma abreviada (né, pra, tô...) e o uso de gírias.
- responda às perguntas que os colegas fizerem;
- respeite o tempo estabelecido pelo professor.

Avaliação

Escreva se, durante sua apresentação:
- seus colegas demonstraram interesse por seu personagem;
- você falou de maneira clara e todos ouviram sua voz;
- ficou claro para todos o motivo pelo qual você escolheu esse personagem para a apresentação.

AMPLIANDO O VOCABULÁRIO

amedrontar

(a-me-dron-**tar**): 1. Fazer medo a; assustar. Exemplo: *O Papa-Figo amedrontou o Menino Maluquinho.*

2. Sentir medo. Exemplo: *Os cães se amedrontam com os estrondos.*

amuleto

(a-mu-**le**-to): objeto a que se atribui o poder mágico de afastar males, e que pode ter diferentes formas ou figuras.

Amuleto.

fígado

(**fí**-ga-do): grande órgão situado no alto do abdome, à direita, e que tem um importante papel na digestão.

mangue

(**man**-gue): conjunto de plantas que nascem em áreas próximas ao litoral; o solo é uma espécie de lama escura e mole.

Mangue.

regenerar

(re-ge-ne-**rar**): dar vida, restaurar, formar-se de novo.

repugnância

(re-pug-**nân**-cia): nojo, asco, aversão que se sente por algo ou alguém.

LEIA MAIS

Maluquinho assombrado
Ziraldo. São Paulo: Globo, 2012.

Nesse livro há treze histórias em quadrinhos de arrepiar. Os personagens da turma do Menino Maluquinho encontram personagens folclóricos, como o Lobisomem, a Mula sem Cabeça e outros.

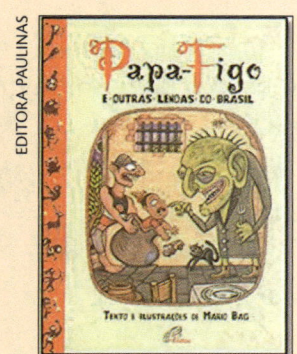

Papa-Figo e outras lendas do Brasil
Mario Bag. São Paulo: Paulinas, 2008.

Esse livro narra lendas de animais e seres fantásticos do folclore brasileiro, como As Amazonas (e o muiraquitã), Sapo-Aru, Mapinguari, Uirapuru, Cabeça-de-cuia, Papa-Figo, Anhangá, Romãozinho, Porca dos 7 leitões, Diabinho da garrafa (famaliá), Mão-de-cabelo, Gralha Azul.

Lendas e Mitos do Brasil
Theobaldo Miranda Santos. São Paulo: Companhia Editora Nacional, 2013.

Esse livro traz muitos personagens do nosso folclore e lendas de várias regiões do Brasil, repletas de encanto e fantasia. São histórias em que humanos vivem embaixo d'água ou se transformam em serpentes, pássaros e botos. Outras trazem um pouco da história dos escravos, dos reis e dos bandeirantes.

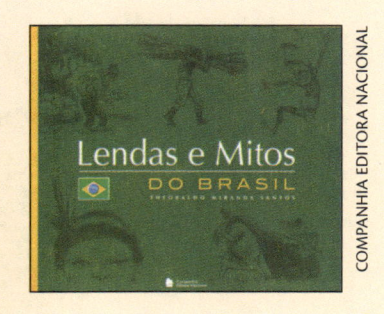

Site
Turma da Mônica: quadrinhos
Disponível em: http://turmadamonica.uol.com.br/donasdarua/hqs.php. Acesso em: 20 ago. 2022.

LIÇÃO 4
DUAS PALAVRINHAS

VAMOS COMEÇAR!

Você conhece alguma anedota? **Anedota** é uma narrativa breve de um fato engraçado. Leia esta.

Duas palavrinhas

E tinha aquele professor de gramática que gostava de falar direitinho, um português limpo, a pronúncia bem caprichada, os termos bem escolhidos. Ao ouvir as gírias que os filhos usavam, ficou escandalizado e pediu:

— Eu queria pedir um favor, pode ser?
— Claro, papai.
— Por favor, não falem duas palavrinhas: uma é "cafona" e a outra é "careta". Está bem?
— Tudo bem, papai. Quais são as palavras?

Ziraldo. *As anedotinhas do Bichinho da Maçã*. São Paulo: Melhoramentos, 2014.

ESTUDO DO TEXTO

1 Para descrever o professor, diz-se que ele gostava de "falar direitinho", que tinha um "português limpo". Falar direitinho, nessa história, quer dizer:

☐ falar com educação, dizendo sempre "por favor", "obrigado" e "com licença".

☐ falar usando uma linguagem adequada à situação.

2 Que palavras o pai pediu aos filhos que não falassem?

_____

3 Os filhos não entenderam o pedido do pai. O que eles pensaram que o pai estava pedindo?

_____

_____

4 A anedota lida é um texto curto.

a) Os personagens têm nome? _____

b) O leitor sabe onde e quando acontece o fato contado? _____

5 Qual destes trechos apresenta uma fala inesperada e que provoca riso?

☐ "Ao ouvir as gírias que os filhos usavam, ficou escandalizado."

☐ "Por favor, não falem duas palavrinhas: uma é 'cafona' e a outra é 'careta'."

☐ "Tudo bem, papai. Quais são as palavras?"

6 Pelo sentido das frases, dê o significado das palavras destacadas nos trechos a seguir.

a) "os **termos** bem escolhidos" _____

b) "ficou **escandalizado**" _____

> **Piada** ou **anedota** é uma narrativa curta, escrita ou oral, em geral anônima, de final surpreendente, contada, basicamente, para provocar risos e descontração.

7 O pai usa as palavras **cafona** e **careta**.

a) O que essas palavras significam?

_____

_____

b) Pelo uso dessas palavras, você acha que essa anedota é atual? Explique.

_____

_____

8 Releia o início da anedota.

> E tinha aquele professor de gramática [...]

Qual dos trechos a seguir é mais parecido com o início de uma anedota?

☐ Era uma vez uma menina muito linda que morava...

☐ Numa terra muito distante, no tempo em que os bichos falavam...

☐ Já ouviram aquela do papagaio?

9 O pai diz aos filhos:

> Eu queria pedir um favor. Pode ser?

a) Essa é uma forma educada, polida de falar. Escreva outras formas educadas de fazer o mesmo pedido.

_____

_____

b) Use **1** para a frase mais polida, **2** para a educada e **3** para a menos educada.

☐ Dá licença, por favor?

☐ Quer sair daí que eu vou passar?

☐ Por favor, você poderia me dar licença?

ESTUDO DA LÍNGUA

Acentuação de palavras paroxítonas

Palavras **paroxítonas** são aquelas em que a sílaba pronunciada com mais intensidade é a penúltima. Exemplo:

pro - **nún** - cia

- antepenúltima sílaba
- penúltima sílaba
- última sílaba

Nem todas as palavras paroxítonas precisam receber acento agudo ou circunflexo. Para saber quando pôr acento, leia o quadro:

paroxítonas terminadas em:	recebem acento
i, **is**	júri, táxi, lápis, tênis
ã, **ãs**	ímã, ímãs, órfã, órfãs
ão, **ãos**	bênção, órgão, órfãos
us	bônus, vírus, ônus
l	amável, fácil, imóvel
um, **uns**	álbum, médium, álbuns
n	hífen, Nílton
ps	bíceps, tríceps
r	César, mártir, líder
x	látex, tórax
io, **ia**, **ie**, **ua**	Mário, Júlia, série, estátua

ATIVIDADES

1 Leia a piada.

— Para termos uma vida saudável, devemos nos alimentar de forma correta — dizia a professora. — Por isso, é importante saber o valor nutritivo dos alimentos. Paulinha, dê um exemplo de alimento que engorda!
— Pão, professora! — respondeu Paulinha.
— Exatamente — enfatizou a professora. — Pão é um dos alimentos que mais engordam.
— Errado, professora — gritou Zezinho lá do fundo. — O pão não engorda, e sim quem come ele.

Paulo Tadeu. *Proibido para maiores: as melhores piadas para crianças*. São Paulo: Matrix, 2007.

a) Copie do texto uma palavra paroxítona acentuada.

_____

b) Explique por que ela é acentuada.

_____

_____

2 Leia outra piada.

Pouco antes do casamento, o pai se aproximou do noivo e perguntou:
— Meu rapaz, o senhor tem condições de sustentar uma família?
— É claro! — ele respondeu.
Todo feliz, o pai retrucou:
— Ótimo! Somos em nove.

Domínio público.

Circule a palavra paroxítona acentuada do texto e complete a regra.

A palavra _____ termina em ditongo, por isso é acentuada.

3 Copie as palavras separando as sílabas. Sublinhe a sílaba tônica e circule a última letra da palavra.

| difícil | hífen | repórter | tórax |
| impossível | Nílton | açúcar | ônix |

Exemplo: fácil → fá-ci(l)

_____   _____

_____   _____

_____   _____

_____   _____

a) Com quais letras terminam as palavras que você separou?

_____

b) Observe as palavras e a resposta ao item **a**. Complete a regra.

Recebem acento gráfico (agudo ou circunflexo) as palavras paroxítonas terminadas em _____.

4 Acentue as palavras e copie-as nas colunas abaixo, observando que algumas são oxítonas e outras são paroxítonas. Fique atento à sílaba tônica.

guarana	picole	reptil	armazem
polen	eter	robo	Amapa
parabens	vovo	facil	torax
Felix	Anibal	cadaver	boitata

Oxítonas	Paroxítonas

ORTOGRAFIA

Palavras com z em final de sílaba

Leia estas frases da piada da página 66.

— Meu rapaz, o senhor tem condições de sustentar uma família?
Todo feliz, o pai retrucou:
— Ótimo! Somos em nove.

Quais palavras dessas frases terminam com a letra **z**?

ATIVIDADES

1 Complete as palavras com uma vogal seguida da letra **z**. Depois, separe as sílabas.

n___ _____   acid___ _____

d___ _____   fer___ _____

nar___ _____   fel___ _____

p___ _____   cap___ _____

cicatr___ _____   cr___ _____

l___ _____   cart___ _____

2 Leia e escreva estas palavras na coluna certa.

surdez	aprendiz	albatroz	veloz	seduz
capataz	traz	reluz	feroz	palidez
vez	diz	cruz	incapaz	juiz
faz	talvez	avestruz	infeliz	voz

az	
ez	
iz	
oz	
uz	

3 Passe as palavras para o plural, conforme o modelo.

> luz – luzes

atriz _____ nariz _____

rapaz _____ capuz _____

cartaz _____ giz _____

noz _____ vez _____

> Como você percebeu, a letra **z**, quando aparece no final de uma palavra, tem o mesmo som do **s**, como em **quis**, **atrás** e **lápis**.
> Para saber como escrevê-las, pode ajudar se você pensar em outras palavras da mesma família. Quando isso não for possível, você pode consultar o dicionário.

4 Complete as palavras com **s** ou **z**.

a) Não é tão difícil jogar xadre____!

b) O jui____ e os bandeirinhas elogiaram os jogadores.

c) Ana sempre qui____ tocar violão.

d) No fim do mê____ você verá suas notas.

e) Marta está no final da gravide____.

f) Todos pediram seus picolés, cada um na sua ve____.

g) A professora usou todo o gi____.

h) Chegaram as contas de gá____ e lu____.

i) Os cantores precisam cuidar da vo____.

j) O nome da atri____ é muito bonito: Beatri____.

UM TEXTO PUXA OUTRO

Leia esta tirinha.

DESSE JEITO VOCÊ NUNCA VAI TERMINAR DE LER UM LIVRO TÃO GROSSO!

Quino. *Toda Mafalda*. São Paulo: Martins Fontes, 2012.

> As **tirinhas** são histórias curtas, geralmente compostas de três ou quatro quadrinhos. O último quadrinho costuma surpreender o leitor e provocar humor.

1 Explique com suas palavras para que serve um dicionário.

_____
_____
_____

2 Mafalda sabe para que servem os dicionários? Como você chegou a essa conclusão?

_____
_____
_____

3 Em sua opinião, conhecer o significado das palavras pode evitar problemas de comunicação como o que ocorreu na anedota desta lição? Por quê?

_____
_____
_____

PRODUÇÃO DE TEXTO

Anedota é um texto curto que narra uma história com o intuito de provocar o riso.

No início dessa lição você leu a anedota "Duas palavrinhas", na qual um problema de comunicação gerou graça, provocou o riso.

Agora, você e um colega vão escrever outra anedota, que deve apresentar um problema de comunicação gerado pelo uso de gírias antigas. Leia as orientações a seguir.

Preparação

Façam uma pesquisa sobre as gírias antigas e anotem o significado de cada uma delas.
- Vocês podem perguntar a pessoas mais velhas, de idades variadas, que gírias antigas elas conhecem, anotando as respostas.
- Busquem o significado literal das palavras utilizadas nas gírias, utilizando um dicionário, e registrem no caderno o que encontraram.
- Pensem em uma situação engraçada gerada pela confusão de sentidos entre o significado da gíria e o significado literal da(s) palavra(s) que a compõe(m).
- Escolham a que acharem mais divertida para escrever sua história.

Anedota é um gênero descontraído, mas é preciso que a pessoa que conta uma piada preste atenção a seu público, à situação e ao lugar onde está. As anedotas que exprimem preconceito ou expõem pessoas ao ridículo devem ser evitadas em qualquer situação e, claro, não são adequadas para contar na escola, diante dos colegas e do professor.

Escrita

A partir do planejamento, escrevam a narrativa da situação engraçada que imaginaram. Lembrem-se de:
- definir os personagens e o local da cena;
- organizar a situação em parágrafos pontuando-os adequadamente;
- dar um título sugestivo que desperte a curiosidade do leitor.

Divulgação

Os textos produzidos devem compor um mural intitulado "Uma história divertida", "Confusões da língua" ou outro título que julgarem interessante, para que outros alunos da escola possam se divertir também!

Avaliação

- Anedotas nos fazem rir bastante com situações simples. Qual das anedotas do mural vocês acharam a mais engraçada?
- Vocês gostaram de conhecer gírias antigas? Já sabiam o significado de alguma delas?
- Vocês acharam fácil ou difícil escrever uma anedota? Por quê?

AMPLIANDO O VOCABULÁRIO

cafona

(ca-**fo**-na): de mau gosto.

Exemplo: *Aquela roupa é cafona.*

careta

(ca-**re**-ta): costume fora de moda; antiquado.

Exemplo: *Não acho careta ser gentil.*

Peça de roupa que, para alguns, pode ser considerada cafona ou careta.

gíria

(**gí**-ria): linguagem particular de um determinado grupo social. Exemplo: *Os jovens gostam de usar gírias para se comunicarem.*

polido

(po-**li**-do): 1. Superfície em que se passou cera: brilhante, lustrosa. Exemplo: *O carro foi polido e ficou lindo!*

2. Que respeita regras sociais de bom comportamento: atencioso, cortês, educado. Exemplo: *Ele disse uma frase polida: Você pode me dar licença, por favor?*

termo

(**ter**-mo): 1. Ponto final de alguma coisa: fim, término. Exemplo: *Ao termo da aula, o professor entregou os cadernos.*

2. Cada um dos elementos de um todo; termo da oração, um termo do vocabulário. Exemplo: *Ele usou termos bem escolhidos.*

LEIA MAIS

As anedotinhas do Bichinho da Maçã

Ziraldo. São Paulo: Melhoramentos, 2014.

Nesse livro, há várias anedotas contadas pelo Bichinho da Maçã aos bichos da floresta. Todos se divertiram muito!

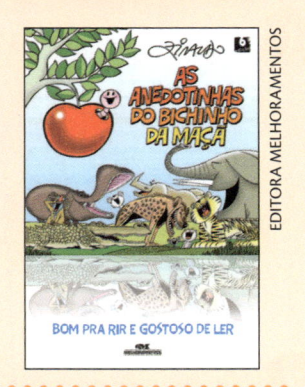

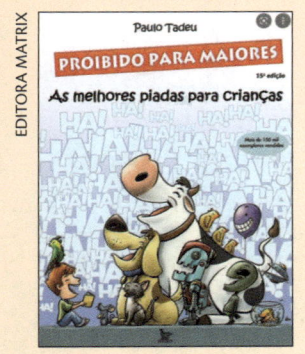

Proibido para maiores: as melhores piadas para crianças

Paulo Tadeu. São Paulo: Matrix, 2007.

Nesse livro há uma seleção de piadas para crianças, para ler onde quiser e dar muitas gargalhadas.

Piadas para rachar o bico

Curitiba: Fundamento, 2010.

As piadas desse livro são boas de compartilhar. Decore algumas e fique pronto para fazer rir seus amigos e familiares.

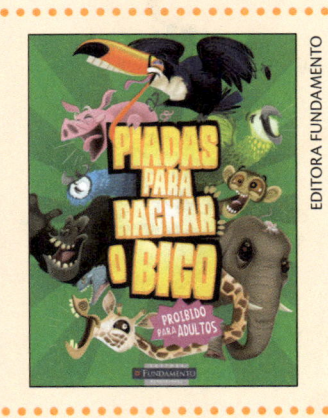

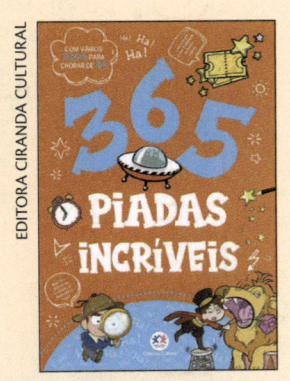

365 piadas incríveis

São Paulo: Ciranda Cultural, 2019.

Com esse livro, o leitor poderá rir o ano inteiro. Há uma piada incrível para cada dia.

ORGANIZANDO CONHECIMENTOS

1 Troque uma letra e crie novas palavras.

lata – _____

faca – _____

cola – _____

sopa – _____

2 Escreva o nome das figuras e separe as sílabas. Pinte os encontros vocálicos e classifique-os. Siga o exemplo.

açucareiro

a-çu-ca-r**ei**-ro

ditongo

_____

_____

_____

_____

_____

_____

_____

_____

_____

_____

_____

_____

3 Leia as palavras e escreva **D** para ditongo, **T** para tritongo e **H** para hiato.

☐ baú	☐ dia	☐ Paraguai	☐ manteiga
☐ loiro	☐ viagem	☐ herói	☐ couro
☐ flauta	☐ iguais	☐ desiguais	☐ portão
☐ relógio	☐ duas	☐ enxaguou	☐ doer

4 Observe as imagens a seguir.

Menina em refeição saudável.

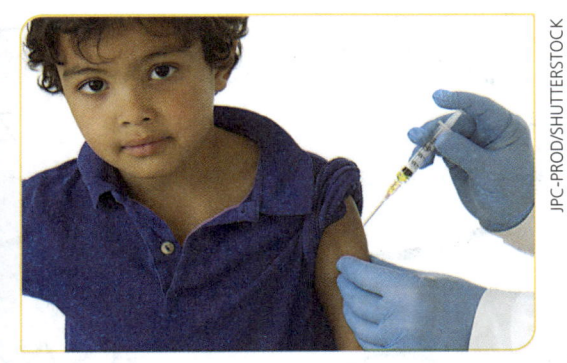

Menino tomando vacina.

Menina descartando objeto em lixeira adequada.

a) Se essas imagens fizessem parte de propagandas, quais poderiam ser os assuntos abordados nelas?

_____

_____

_____

_____

b) Você conhece propagandas com os temas apresentados nas imagens? Onde você viu ou leu essas propagandas?

_____

_____

_____

_____

5 Observe os balões. Você sabe para que eles são usados nas HQs? Conte aos colegas.

6 Leia esta piada.

A professora tenta ensinar Matemática ao Joãozinho.
— Se eu te der quatro chocolates hoje, e mais três amanhã, você vai ficar com… com… com…
— Contente!

Domínio público.

a) O que a professora esperava que Joãozinho respondesse?

_____

b) Escreva estas palavras da piada na coluna correspondente.

professora   matemática   você

	sílaba tônica		
	antepenúltima	penúltima	última
oxítona			
paroxítona			
proparoxítona			

7 Leia esta parlenda bastante conhecida.

> Um, dois
> feijão com arroz
> Três, quatro
> feijão no prato
> Cinco, seis
> chegou minha vez
> Sete, oito
> de comer biscoito
> nove, dez
> de comer pastéis.
>
> Domínio público.

a) Ilustre a parlenda no quadro ao lado dela.

b) Circule na parlenda as palavras terminadas em z e sublinhe as palavras terminadas em s . Depois, escreva-as nos respectivos quadros.

palavras terminadas em z	palavras terminadas em s

77

LIÇÃO 5

POR QUE TEMOS SOBRENOME?

VAMOS COMEÇAR!

Você conhece a origem de seu sobrenome? O que aconteceria se as pessoas não tivessem sobrenome?

O texto a seguir foi produzido com base na pesquisa de uma especialista em linguagem. Ela responde a essa curiosidade que muitas pessoas têm. Leia e conheça um pouco mais sobre a origem do sobrenome.

Por que temos sobrenome?

Silva, Oliveira, Faria, Ferreira... Todo mundo tem um sobrenome e temos de agradecer aos romanos por isso. Foi esse povo, que há mais de dois mil anos ergueu um império com a conquista de boa parte das terras banhadas pelo Mediterrâneo, o inventor da moda. Eles tiveram a ideia de juntar ao nome comum, ou prenome (do latim *praenomen*), um nome (ou *nomen*). Por quê? Porque o Império Romano crescia e eles precisavam indicar o clã a que a pessoa pertencia ou o lugar onde tinha nascido.

Com a decadência do Império Romano, essa prática foi se enfraquecendo, até que na Idade Média os sobrenomes caíram em desuso e as pessoas passaram a ser chamadas apenas pelo seu prenome. Eu, por exemplo, seria apenas Raquel nessa época. Que grande confusão isso deveria causar, não é mesmo? Imagine quantas outras pessoas com o nome "Raquel" não deviam existir? Por isso mesmo, os sobrenomes voltaram a ser usados e passaram a ser obrigatórios no século XI.

Ferreira é um sobrenome adotado como referência à profissão de ferreiro.

O sobrenome Calvo refere-se a características físicas de uma pessoa.

⬇ Assim, não tinha mais como confundir uma Raquel Pereira com uma Raquel Valença e isso era muito importante na hora de cobrar impostos das pessoas certas e evitar casamentos entre pessoas da mesma família.

Novamente, os sobrenomes não foram inventados do nada. Os homens passaram a escolher sobrenomes que tinham a ver com o seu local de origem – Coimbra é um caso destes – ou para confirmar o parentesco – o sobrenome Fernandes, por exemplo, significa "filho do Fernando". Outros escolheram sobrenomes que se referiam a características físicas e de personalidade, como Louro, Calvo e Severo. Também houve aqueles que adotaram sobrenomes ligados a atividades desenvolvidas pela família, como é o caso de Ferreira que, provavelmente, é uma referência à profissão de ferreiro.

O costume de usar sobrenomes se mostrou muito útil, foi se espalhando pela Europa, pelas colônias europeias e, depois, pelo mundo. Hoje não dá mais para imaginar alguém sem sobrenome, está na carteira de identidade, na ficha que preenchemos na matrícula da escola e em tantos outros documentos importantes, é ou não é?

Raquel Teixeira Valença, filóloga, Fundação Rui Barbosa.
Ciência Hoje das Crianças, 2 mar. 2014, n. 254, p. 12.

ESTUDO DO TEXTO

1 Quem é a autora desse texto?

_____

_____

2 Você sabe o que faz um **filólogo**? Leia no quadro a seguir a explicação sobre uma das atividades de um filólogo.

Estuda as sociedades e civilizações antigas por meio do exame de documentos e textos deixados por elas, privilegiando a língua escrita e literária como fonte de estudos.

Fonte: *Dicionário Houaiss eletrônico*.

Após ler essa explicação, compreendendo que o texto é a divulgação de uma pesquisa científica da área de linguagens, justifique por que a autora está em condições de escrever o artigo.

_____

_____

3 Leia o título do texto. Ele desperta curiosidade? Justifique.

_____

_____

4 Que outro título você daria ao texto?

_____

5 Qual é o assunto do texto? Explique de maneira resumida.

_____

_____

_____

6 Observe, no mapa abaixo, os territórios que formavam o Império Romano.

Império Romano (120 d.C.)

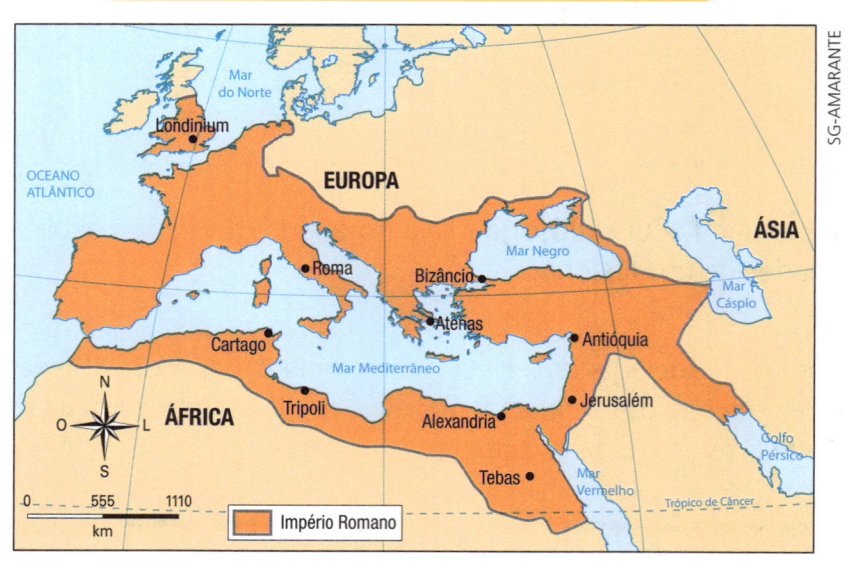

Atlas histórico Geral e do Brasil. São Paulo: Scipione, 2012.

a) Circule, no mapa, Roma e o mar Mediterrâneo.

b) Considerando as características desse território, em sua opinião, é clara a necessidade dos romanos em adicionar um sobrenome ao prenome dos moradores? Justifique.

_____
_____
_____
_____

7 O texto aborda a função do sobrenome em diferentes momentos da história da humanidade. Observe a linha do tempo e explique por que o sobrenome era usado em cada um destes períodos.

Império Romano	Idade Média
(1º momento)	2º momento (século XI)

_____
_____
_____
_____
_____
_____

8 Observe como a autora inicia o texto: "Silva, Oliveira, Faria, Ferreira...". Com que objetivo ela usou as reticências [...] após citar alguns sobrenomes?

_____
_____
_____
_____

81

9 De acordo com a pesquisa da autora, a partir do século XI os sobrenomes passaram a ser obrigatórios. E, novamente, a escolha do sobrenome tinha algum motivo. Complete o quadro com os exemplos de sobrenomes que faltam.

Origem do sobrenome	Exemplos
Sobrenomes de acordo com o lugar de nascimento.	Coimbra.
Sobrenomes que confirmam o parentesco.	Fernandes.
Sobrenomes relacionados a características físicas ou à personalidade.	
Sobrenomes ligados a atividades da família e a profissões.	

10 Com a leitura do texto "Por que temos sobrenome?", você adquiriu um conhecimento cuja origem é um estudo feito por uma pesquisadora em documentos antigos. Esse texto, portanto, é um artigo de divulgação científica.

> O **artigo de divulgação científica** é um gênero textual que apresenta questões pertinentes para as áreas da ciência, tecnologia e inovação. Os textos são fruto de pesquisas científicas e, de modo geral, apresentam uma estrutura que indica qual é a pesquisa, de que modo ela foi feita e qual sua relevância para a área, além da apresentação da metodologia e dos resultados. Geralmente, esse tipo de texto é publicado em determinadas revistas, jornais (impressos e digitais) ou *sites* especializados.

a) Onde o artigo "Por que temos sobrenome?" foi publicado?

_____

_____

b) Leia a seguir uma apresentação dessa revista.

Ciência Hoje das Crianças

A CHC é a primeira revista brasileira sobre ciência para crianças. Ela foi criada em 1986 e já ganhou até um prêmio muito importante, o prêmio José Reis de Divulgação Científica. A revista é feita pelo Instituto Ciência Hoje.

Ciência Hoje das Crianças. Disponível em: http://chc.org.br/sobre-a-chc/. Acesso em: 22 ago. 2022.

Por que o texto que você leu é um artigo de divulgação científica?

_____
_____
_____

11 Você conhece a origem de seu sobrenome? Se não conhece, faça uma pesquisa e escreva o que descobriu. Depois, conte aos colegas.

_____
_____
_____

12 Os artigos de divulgação científica tratam de temas científicos, mas, muitas vezes, utilizam linguagem informal para se aproximar do leitor, principalmente se o público-alvo for infantojuvenil. Isso acontece no artigo que você está estudando, pois a autora emprega uma linguagem menos formal. Releia o texto e transcreva, nas linhas a seguir, dois trechos em que a autora usa a linguagem informal.

_____
_____
_____
_____

13 Em um texto bem escrito, as repetições desnecessárias são evitadas. Observe nos trechos do texto "Por que temos sobrenome?" a palavra ou a expressão destacada e indique as ideias que estão sendo retomadas.

a)
> [...] Com a decadência do Império Romano, **essa prática** foi se enfraquecendo, até que na Idade Média os sobrenomes caíram em desuso e as pessoas passaram a ser chamadas apenas pelo seu prenome. [...]

_____

b)
> [...] Por **isso** mesmo, os sobrenomes voltaram a ser usados e passaram a ser obrigatórios no século XI.

_____

c)
> [...] Assim, não tinha mais como confundir uma Raquel Pereira com uma Raquel Valença e **isso** era muito importante na hora de cobrar impostos das pessoas certas e evitar casamentos entre pessoas da mesma família. [...]

_____

14 Releia mais este trecho.

> **Foi esse povo**, que há mais de dois mil anos ergueu um império com a conquista de boa parte das terras banhadas pelo Mediterrâneo, **o inventor da moda**.

Assinale a alternativa que corresponde à expressão **inventor da moda** no trecho destacado.

☐ Quem ou aquele que cria uma nova canção, uma nova música.

☐ Quem ou aquele que cria roupas, vestimentas usadas em determinada época.

☐ Quem ou aquele que faz algo que não é comum, diferente, algo novo.

ESTUDO DA LÍNGUA

Acentuação de palavras proparoxítonas

Relembre: palavras **proparoxítonas** são aquelas em que a sílaba pronunciada com mais intensidade é a antepenúltima. Exemplo:

má - gi - co

- antepenúltima sílaba
- penúltima sílaba
- última sílaba

Todas as palavras proparoxítonas devem ser acentuadas com acento agudo (´) ou circunflexo (^):

médica → acento agudo

cândido → acento circunflexo

ATIVIDADES

1 Releia estas palavras do texto "Por que temos sobrenome?".

prática   época   século   características   físicas   matrícula

a) Como essas palavras são classificadas quanto à posição da sílaba tônica?

_____

b) O que ocorre, em relação aos acentos gráficos, em todas as palavras proparoxítonas?

_____

2 As palavras a seguir são proparoxítonas. Copie-as e coloque o acento correto.

proximo   halito   paralelepipedo

_____   _____   _____

candido   umido   lampada

_____   _____   _____

vespera   estomago   informatica

_____   _____   _____

ORTOGRAFIA

Uso de por que, porque, por quê e porquê

Leia o título de um artigo de divulgação científica escrito para crianças e adolescentes.

> ### Por que a água borbulha quando ferve?
>
> Disponível em: http://chc.org.br/acervo/por-que-a-agua-borbulha-quando-ferve/.
> Acesso em: 22 ago. 2022.

Esse título é uma pergunta que vai ser respondida ao longo do artigo. Veja que as palavras **por** e **que** estão separadas.

Agora, observe esse trecho do artigo:

> [...]
> As bolhas que se formam no fundo da panela sobem **porque** o estado gasoso de um composto químico é sempre menos denso do que seu estado líquido. "No trajeto, essas bolhas podem unir-se umas às outras, aumentando o tamanho da bolha. Por isso, as bolhas têm tamanhos diferentes quando chegam à superfície do líquido em ebulição", acrescenta Júlio.
> [...]
>
> Disponível em: http://chc.org.br/acervo/por-que-a-agua-borbulha-quando-ferve/.
> Acesso em: 22 ago. 2022.

Para responder à pergunta, o autor do artigo utiliza uma única palavra: **porque**.

Agora digamos que o autor do artigo preferisse mudar a ordem dos termos e deixar o **por que** no final da frase. Seria preciso colocar um acento circunflexo no **que**:

> Sabemos que a água borbulha quando ferve, **por quê**?

Se ele ainda quisesse produzir uma frase para divulgar seu artigo, poderia escrever:

> Nesse artigo você descobrirá o **porquê** de a água borbulha quando ferve.

Depois do artigo o, **porquê** é um substantivo: escreve-se junto e com acento.

Podemos concluir que se escreve:

- **por que** no início de frases interrogativas;
- **por quê** no final de frases interrogativas;
- **porque** para dar uma causa, uma explicação em uma resposta;
- **porquê** quando a palavra significa "motivo, razão".

ATIVIDADES

1 Leia.

_____ o nariz do cachorro é gelado?

O focinho gelado do cão, segundo os especialistas, é sinal de saúde. E o que mantém o focinho do cachorro sempre frio e molhado é o fato de que esses animais regulam a sua temperatura corporal, ou seja, o grau ou perda de calor do corpo, por meio da respiração. Repare que os cães estão quase sempre respirando com a boca aberta e a língua para fora, muitas vezes, pingando saliva. Isso também colabora com a perda de calor.

Mas voltemos ao nariz do cachorro: se ele estiver quente, é bom ter cuidado. O animal pode estar com febre, um alerta do corpo para alguma doença. A febre pode, por exemplo, sinalizar uma gripe ou infecção causada por microrganismos, como bactérias. Isso deixa o nariz de seu fiel amigo seco e com a temperatura alta. Aja depressa, levando-o ao veterinário.

Esteja atento ao nariz do seu cachorro _____ é o olfato o sentido mais importante para ele. Por meio do seu faro apurado, o cão consegue identificar pessoas, perceber cheiros que estão bem distantes e até mapear os lugares e, assim, não se perder de casa.

Disponível em: http://chc.org.br/acervo/por-que-o-nariz-do-cachorro-e-gelado/.
Acesso em: 22 ago. 2022.

a) Complete o título e o último parágrafo do texto. Use **por que**, **porque**, **por quê** ou **porquê**.

b) Inverta a ordem das palavras do título, começando com "O nariz do cachorro".

_____

_____

_____

c) Complete:
O texto explica o _____ de o nariz do cão ser gelado e ainda alerta sobre a importância de observar sua temperatura.

2 Complete com **por que**, **porque**, **por quê** ou **porquê**.

a) _____ você não me esperou?

b) Estou contente _____ tirei 10 na prova de História.

c) Você está chorando. _____?

d) Não entendi o _____ de tanta choradeira.

3 Transforme as frases afirmativas em interrogativas usando **por que**.

a) Ele foi mal na competição.
_____

b) Está ventando muito.
_____

c) Algumas pessoas destroem a natureza.
_____

4 Responda a estas perguntas, usando **porque**.

a) Por que não devemos jogar lixo no chão?
_____
_____

b) Por que os animais devem ser respeitados?
_____
_____

5 Agora, escreva frases usando **por que**, **porque**, **por quê** e **porquê**.
_____
_____
_____
_____

UM TEXTO PUXA OUTRO

💬 Cante com os colegas.

Gente tem sobrenome

Todas as coisas têm nome,
Casa, janela e jardim.
Coisas não têm sobrenome,
Mas a gente sim.
Todas as flores têm nome:
Rosa, camélia e jasmim.
Flores não têm sobrenome,
Mas a gente sim.
[...]

Renato é Aragão, o que faz confusão,
Carlitos é o Charles Chaplin.
E tem o Vinícius, que era de Moraes,
E o Tom Brasileiro é Jobim.
Quem tem apelido, Zico, Maguila,
Xuxa, Pelé e He-man.
Tem sempre um nome e depois do nome
Tem sobrenome também.

Toquinho e Elifas Andreato. Gente tem sobrenome.
Disponível em: www.toquinho.com.br/gente-tem-sobrenome/. Acesso em: 22 ago. 2022.

1 Segundo a letra de canção:

a) o que tem nome? Transcreva alguns exemplos do texto.

_____
_____

b) o que tem sobrenome? Transcreva alguns exemplos do texto.

_____
_____

2 Além do nome e do sobrenome, de que outra forma podemos nomear as pessoas?

_____

3 Escreva seu nome e sobrenome. Conte aos colegas como seu sobrenome é formado.

💬 _____

4 Você tem algum apelido baseado no seu nome? Qual?

_____

PRODUÇÃO DE TEXTO

Vamos montar um almanaque com textos de divulgação científica?

Preparação

O almanaque será feito em grupo e pode ser um pequeno livro ou ter uma versão eletrônica, em forma de *blog*. Com esse trabalho, vocês ficarão sabendo de muitas coisas que acontecem no mundo das ciências. Mãos à obra!

Planejamento e escrita

Primeiramente, em grupo, escolham um título.

Depois de definido o tema, é o momento da pesquisa. Procurem artigos em revistas, jornais ou *sites* que tragam artigos de divulgação científica voltados para jovens.

Selecionem o artigo de que mais gostaram. Leiam com bastante atenção e pensem se os leitores da sua publicação também compreenderão o artigo. Escrevam no caderno, usando as próprias palavras, o resultado da pesquisa.

No dia marcado pelo professor, apresentem o artigo pesquisado. Contem a seus colegas o que diz o artigo selecionado.

Ao contar, verifiquem se algum termo não foi compreendido. Se isso acontecer, procurem a palavra no dicionário e incluam a explicação no final do texto.

Passem o artigo a limpo em uma folha de papel com letra legível.

Coletivamente, orientados pelo professor, escrevam uma apresentação para o almanaque (seja ele físico ou virtual). Expliquem ao leitor qual a função do material e quais assuntos o leitor pode aprender com a leitura.

Revisão e reescrita

O professor reunirá todos os artigos pesquisados e acrescentará a introdução.

Dois ou mais alunos ficarão responsáveis por fazer uma capa para o almanaque, se for feita a versão em papel.

Os demais ficarão encarregados de elaborar pequenos cartazes para divulgar a entrega desse material à biblioteca ou o endereço de acesso do *blog* em que foram postados os artigos.

AMPLIANDO O VOCABULÁRIO

clã

(**clã**): grupo de pessoas que pertencem à mesma família.

decadência

(de-ca-**dên**-cia): declínio, enfraquecimento.

desuso

(de-**su**-so): perda do costume.

Idade Média

(I-**da**-de **Mé**-dia): período da história da humanidade que se inicia no ano 476 com a queda do imperador romano Rômulo Augusto. Esse período durou mil anos.

latim

(la-**tim**): antiga língua falada no Lácio, região que incluía Roma.

LEIA MAIS

O livro dos porquês

Vários autores. São Paulo: Companhia das Letrinhas/Ciência Hoje das Crianças, 2008.

O livro apresenta 28 artigos publicados na revista *Ciência Hoje das Crianças* e tenta responder a muitas questões do público infantojuvenil.

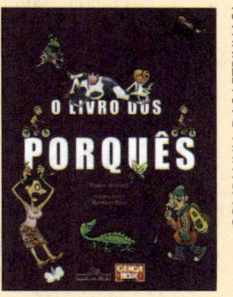

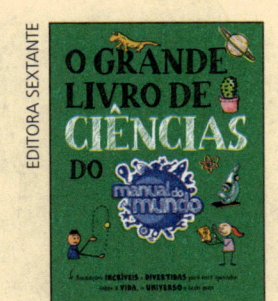

O grande livro de ciências do Manual do Mundo

Workman Publishing (Compilador). Rio de Janeiro: Sextante, 2019.

Nesse material cheio de ilustrações e imagens você poderá explorar com curiosidade muitas informações relacionadas à ciência desde estudos sobre o universo e sistema solar, até eletricidade, magnetismo, ecossistemas etc.

LIÇÃO 6

A CIGARRA E AS FORMIGAS

VAMOS COMEÇAR!

Você conhece a história da cigarra e das formigas?

No verão, enquanto as formigas trabalhavam, a cigarra cantava. Você imagina o que aconteceu quando chegou o inverno?

Leia a fábula em versos a seguir para saber.

A cigarra e as formigas

Houve um tempo
Uma cigarra
Estava sempre a chiar
Ao pé do formigueiro
Parava só pra descansar.

Seu maior divertimento
Era sempre observar
As formigas trabalhando
Dia e noite sem cessar.

O bom tempo
Então passou
Veio chuva, muito frio
A cigarra ficou em apuros
Sentindo fome e calafrios.

Sem abrigo
Sem comida
Com passos bem ligeiros
"Toque, Toque, Toque, Toque"
Bateu então no formigueiro.

A formiga friorenta
Em um xalinho embrulhada
Aparece e pergunta:
— O que queres, cigarra?
Parece tão desesperada!

Tossindo e cheia de lama
A cigarra implora à formiga:
— Preciso de agasalho
E um pouco de comida.

— O que fez durante o bom tempo?
Quis saber a formiga.
Depois de um ataque de tosse
Responde a pobre mendiga:
— Eu cantava bem sabes!

— Ah! Então é você
Quem cantava
Enquanto todo o
Formigueiro trabalhava?

— Pois entre, amiguinha!
Você nos proporcionou
Muita alegria
Com toda a sua cantoria

— Entre, boa vizinha!
Seja bem-vinda
Ao nosso formigueiro!
Sare sua tosse
E volte a cantar
O verão inteiro!

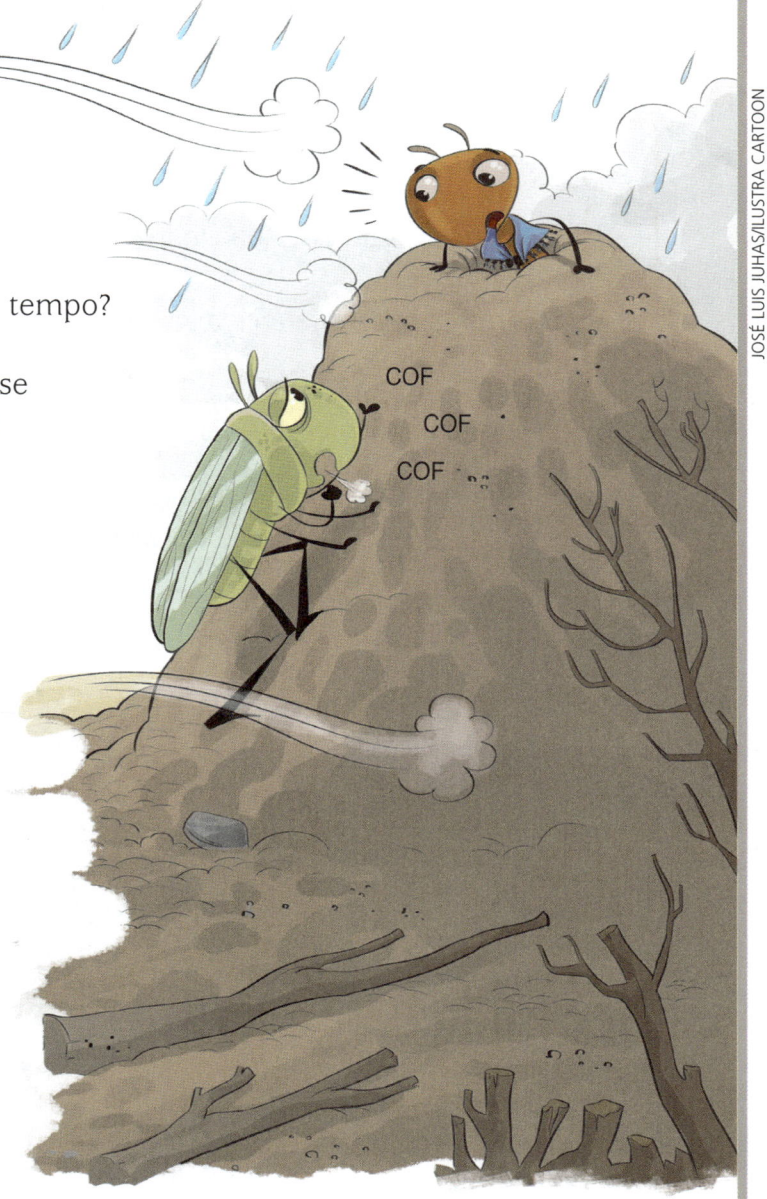

Ana Paula Cruz. *A cigarra e as formigas*. Recanto das Letras.
Disponível em:www.recantodasletras.com.br/fabulas/3774088. Acesso em: 22 ago. 2022.

ESTUDO DO TEXTO

Fábula é uma história curta, que transmite um ensinamento. Em algumas fábulas, os personagens são seres humanos, mas, na maioria delas, são animais que falam e se comportam como humanos.

1 Ordene os acontecimentos da fábula, numerando os quadrinhos de 1 a 5.

☐ Quando chega a chuva e o frio, a cigarra sente fome e calafrios.

☐ O maior divertimento da cigarra é observar as formigas trabalhando.

☐ A formiga pergunta à cigarra o que ela quer.

☐ A formiga recebe a cigarra no formigueiro.

☐ A cigarra tem um ataque de tosse.

2 Que comportamento das formigas demonstra que elas se preocupavam com os tempos de chuva e frio?

_____

_____

3 Enquanto as formigas trabalhavam, a cigarra somente cantava. Isso foi bom para ela?

_____

_____

4 Releia estes versos da fábula.

> A formiga friorenta
> Em um xalinho embrulhada
> Aparece e pergunta:
> — O que queres, cigarra?
> Parece tão desesperada!

> Tossindo e cheia de lama
> A cigarra implora à formiga:
> — Preciso de agasalho
> E um pouco de comida.

Ao responder à formiga que precisava de agasalho e de um pouco de comida, a cigarra emprega um argumento.

Argumento é algo que se diz para convencer alguém de alguma coisa ou para alterar a opinião ou o comportamento dessa pessoa.

a) Que argumento a cigarra utiliza para convencer a formiga a lhe dar abrigo e comida?

_____
_____
_____

b) Você acha que as formigas agiram bem ao acolher a cigarra? Por quê?

_____
_____
_____
_____

5 Em sua opinião, que ensinamento essa fábula transmite?

_____
_____
_____
_____
_____

6 O texto a seguir reconta, em prosa, um trecho da fábula em verso das páginas 92 e 93. Complete os espaços com as palavras do quadro, de acordo com as características das personagens.

> bondosas   faminta   trabalhadeiras   cantadeira

A cigarra _____ foi bater à porta do formigueiro em busca de abrigo e comida. Da porta saiu uma formiga, que perguntou o que a cigarra queria. Como eram muito _____ e tinham se prevenido durante o verão, agora as formigas estavam todas agasalhadas e alimentadas, enquanto lá fora a cigarra _____ tremia de frio. Por serem também muito _____, as formigas acolheram a cigarra em seu abrigo.

7 Nas estrofes a seguir, localize e copie as palavras e expressões que indicam o tempo em que os fatos ocorrem.

a)
> Seu maior divertimento
> Era sempre observar
> As formigas trabalhando
> Dia e noite sem cessar.

_____

b)
> — O que fez durante o bom tempo?
> Quis saber a formiga.
> Depois de um ataque de tosse
> Responde a pobre mendiga:
> — Eu cantava bem sabes!

_____

8 Releia.

> O bom tempo
> Então passou
> Veio chuva, muito frio
> A cigarra ficou em apuros
> Sentindo fome e calafrios.

Que palavra, indicativa de uma estação do ano, poderia substituir a expressão sublinhada?

_____

9 Complete a cruzadinha com palavras do texto "A cigarra e as formigas".

a) Agasalho que cobria a formiga friorenta.
b) Casa das formigas.
c) Estação do ano em que as formigas trabalhavam muito.
d) O que a cigarra sentiu no inverno, além de fome.
e) O que a cigarra proporcionou às formigas com seu canto.

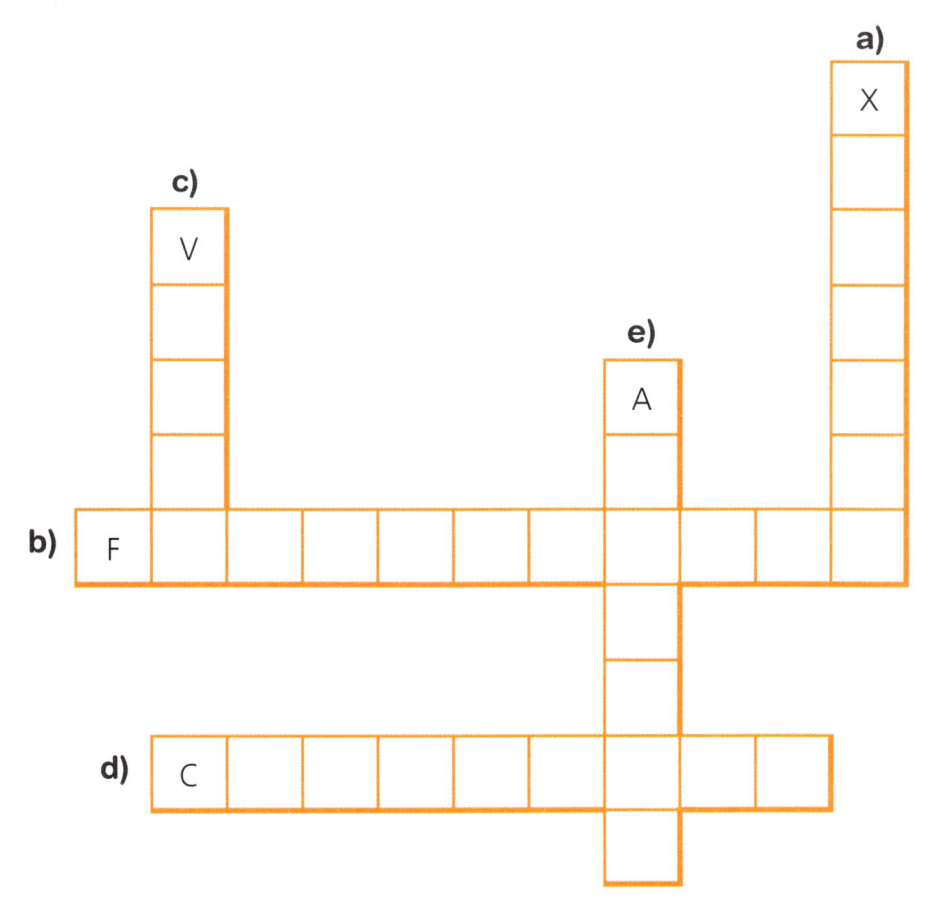

a) X
c) V
e) A
b) F
d) C

ESTUDO DA LÍNGUA

Substantivo

1 Leia esta outra fábula:

A Lebre e a Tartaruga

Era uma vez uma tartaruga e uma lebre que estavam discutindo sobre quem era a mais veloz.

A lebre se gabava por ser a mais veloz e tirava sarro da tartaruga por ser lenta e muito sossegada.

Cansada de tanto deboche, a tartaruga fez a lebre uma proposta:

"Aposto que consigo ganhar de você em uma corrida!"

A lebre abismada, primeiro debochou da audácia da tartaruga e depois aceitou a aposta.

Marcaram o dia, o horário e o local, e vários animais compareceram para assistir a tão esperada corrida.

Largaram. A lebre disparou na frente, mas a tartaruga não ficou abalada, continuou na disputa no seu ritmo, de maneira devagar e constante.

A lebre, no entanto, confiante em sua rapidez, acreditava que a vitória seria mais vitoriosa se deixasse a tartaruga passar a frente, pegando vantagem na corrida para então ultrapassá-la. Dessa maneira, ela poderia vencer humilhando seu oponente, a tartaruga. E assim, executou seu plano.

Como estava já muito na frente da tartaruga, a lebre parou e decidiu descansar até a tartaruga a ultrapassar. O plano era deixar a tartaruga ficar alguns metros a sua frente, para então sair em disparada, ultrapassá-la, e vencer a corrida. Então a lebre se deitou ao lado da pista, recostando-se na sombra de uma árvore, fez um lanche e sem querer, caiu no sono.

Quando a lebre acordou, já era tarde demais, pois a tartaruga estava atravessando a linha de chegada. A lebre tentou, saiu correndo em disparada, mas foi em vão pois a tartaruga chegou primeiro e venceu a corrida.

Após a vitória a tartaruga disse para a lebre:

"Apostei e ganhei! Viu como eu estava certa? Aprenda bem essa lição: quando a vitória é incerta, só a velocidade ou qualquer outro privilégio não basta, principalmente quando aliados à arrogância e negligência. Por outro lado, a disciplina e o esforço constantes, sempre te levarão aonde quer chegar. E olha que eu ainda levo minha casa nas costas!"

[...]

Disponível em: https://www.turminha.com.br/blog/fabula-lebre-e-tartaruga. Acesso em: 22 ago. 2022.

a) Qual poderia ser a moral dessa história?

_____

_____

b) Quais palavras nomeiam os personagens da história?

_____

2 Releia a fala da tartaruga:

> "Apostei e ganhei! Viu como eu estava certa? Aprenda bem essa lição: quando a vitória é incerta, só a velocidade ou qualquer outro privilégio não basta, principalmente quando aliados à arrogância e negligência. Por outro lado, a **disciplina** e o **esforço** constantes, sempre te levarão aonde quer chegar. E olha que eu ainda levo minha casa nas costas!"

a) O que as palavras destacadas nomeiam?

_____

b) Qual substantivo poderia substituir a expressão **minha casa**?

_____

> Nesta fábula, as palavras que nomeiam os personagens e as coisas necessárias para se alcançar sucesso são chamadas de **substantivos**. **Substantivos** são palavras que nomeiam seres (reais ou imaginários, animados ou inanimados), sentimentos ou ideias.

Substantivo comum e substantivo próprio

1 Você conhece o personagem Garfield? O que sabe sobre ele? Leia uma tirinha de Garfield.

Jim Davis. Garfield. Disponível em: https://bit.ly/2J6S8Ht. Acesso em: 16 agosto 2022.

O último quadrinho das tirinhas costuma surpreender o leitor e provocar humor. Isso acontece na tirinha? Por quê?

_____

_____

2 Garfield quer saber com quem está falando. No primeiro quadrinho, o companheiro de Garfield utiliza um substantivo para se identificar. Que substantivo é esse?

_____

3 O substantivo que você identificou na atividade 2 serve para nomear somente o companheiro de Garfield ou toda a espécie à qual ele pertence?

_____

> Os substantivos podem ser classificados de acordo com os seres nomeados. Os **substantivos comuns** são aqueles que dão nome a todos os seres da mesma espécie. Eles são escritos com a letra inicial minúscula. Por exemplo: gato, cidade, pessoa.

4 No segundo quadrinho, os gatos se apresentam e dizem seus nomes. Identifique os substantivos empregados por eles.

_____

5 Os substantivos que você identificou na atividade 4 nomeiam seres específicos ou todos os seres da mesma espécie?

_____

> Os **substantivos próprios** são aqueles que dão nome a um só ser da mesma espécie. Eles são escritos com a letra inicial maiúscula. Por exemplo: Garfield, Barney.

6 Complete as frases a seguir.

a) O livro que eu mais gostei de ler até hoje se chama _____.

b) Meu filme favorito é _____.

c) O nome do país que eu gostaria de visitar é _____.

d) Minha cor preferida é _____.

e) O nome que eu escolheria para um cachorro é _____.

f) Meus melhores amigos chamam-se _____
_____.

g) Minhas frutas preferidas são _____
_____.

h) O animal de que mais gosto é _____
_____.

7 As palavras que você escreveu na atividade 6 são substantivos.

a) Quais deles são substantivos próprios?

Os substantivos escritos nos itens _____.

b) Quais são substantivos comuns?

Os substantivos escritos nos itens _____.

8 Leia.

> José Bento Monteiro Lobato nasceu no interior do estado de São Paulo, na cidade de Taubaté, em 18 de abril de 1882. Ele destacou-se como o primeiro autor brasileiro de literatura infantil.
> Com linguagem simples, Lobato criou histórias e personagens que acompanham até hoje a infância de tantas crianças brasileiras.
> Você já ouviu falar do Sítio do Pica-pau Amarelo, da boneca Emília, de Narizinho, da Dona Benta ou da Tia Nastácia?
> Lobato escreveu também para adultos e deixou obras muito importantes. Ele faleceu no dia 4 de julho de 1948.
> Em homenagem às obras de Monteiro Lobato, o Dia do Livro é comemorado em 18 de abril.
>
> Fonte de pesquisa: eBiografia. Disponível em: https://www.ebiografia.com/monteiro_lobato/. Acesso em: 22 ago. 2022.

Copie do texto acima as palavras que:

a) formam o nome do primeiro autor brasileiro de literatura infantil:

_____

b) dão nome a um personagem:

_____

c) são nomes de cidades:

_____

101

9 Escreva o nome das imagens.

VITALIY URAZOV

MATHIEU BOIVIN

PULSAR IMAGENS

VASSILIY VISHNEVSKIY

_____   _____

Substantivo simples e substantivo composto

Leia o título desta fábula.

> A raposa e o porco-espinho

O substantivo **raposa** é formado por uma só palavra. Chama-se **substantivo simples**. Exemplos: jabuticaba, árvore, galho.
O substantivo **porco-espinho** é formado por mais de uma palavra. Chama-se **substantivo composto**. Exemplos: água-de-colônia, couve-flor, guarda-chuva, quarta-feira, arco-íris etc.

ATIVIDADES

1 Indique com **S** os substantivos simples e com **C** os compostos.

☐ erva-doce   ☐ quadro   ☐ pedra-sabão

☐ escova   ☐ caixa-d'água   ☐ cadeira

☐ pisca-pisca   ☐ bolsa   ☐ amor-perfeito

2 Sublinhe os substantivos compostos nestas frases.

  a) Que cachorro-quente delicioso!

  b) Mamãe comprou couve-flor na feira.

  c) Preciso arrumar meu guarda-roupa.

3 Construa frases com os nomes destes pássaros.

  a) beija-flor:

  ___

  ___

  b) joão-de-barro:

  ___

  ___

ORTOGRAFIA

Palavras terminadas em -l e -u

Leia esta versão em prosa da fábula "A cigarra e a formiga" e observe as palavras destacadas.

A cada bela estação uma formiga **incansável** levava para sua casa os mais abundantes mantimentos: quando **chegou** o inverno, estava farta. Uma cigarra, que todo o verão levara a cantar, achou-se então na maior miséria. Quase a morrer de fome, veio esta, de mãos postas, suplicar à formiga lhe emprestasse um pouco do que lhe sobrava, prometendo pagar-lhe com o juro que quisesse. A formiga, que não é de gênio emprestador, perguntou-lhe, pois, o que fizera no verão que não se precavera.

— No verão, cantei, o calor não me **deixou** trabalhar.
— Cantastes! **tornou** a formiga; pois agora dançai.

MORAL DA HISTÓRIA: Trabalhemos para nos livrarmos do suplício da cigarra, e não aturarmos a zombaria das formigas.

Disponível em: https://www.culturagenial.com/fabulas-de-esopo/. Acesso em: 28 ago. 2022.

- O que você percebeu em relação ao som das letras **l** e **u** nessas palavras?

___

1 Complete as palavras com l ou u e depois copie-as.

sina___ _____   chapé___ _____

minga___ _____   anima___ _____

cutuco___ _____ medi___ _____

agradáve___ _____   jogo___ _____

caraco___ _____ futebo___ _____

2 Complete as palavras das frases com l ou u e depois copie-as.

a) O homem a___to dirige seu a___tomóvel.

___

b) A bicicleta está com o peda___ so___to.

___

c) Titia quebrou o sa____to do sapato no degra____.

_____

d) A____ba lavava roupa com ani____.

_____

3 O que é, o que é? Você conhece essas adivinhas? Se não, peça ajuda ao professor e aos colegas. Depois, escreva e desenhe as respostas.

a) Bonita planta,
Com uma flor
Que gira e gira
Buscando o sol.

b) Na água eu nasci
Na água me criei,
Se na água me puserem,
Na água morrerei.

c) O que dá
o cruzamento
de uma girafa
com um papagaio?

_____   _____   _____

4 Agora escreva o nome dos objetos representados nas figuras.

a)

_____

b)

_____

c)

_____

d)

_____

5 Com que letras terminam as palavras que você escreveu no exercício anterior?

_____

> Quando não souber se uma palavra termina com **l** ou **u**, lembre-se de que os verbos nunca terminam com **l**. Já as outras palavras podem terminar com **l** ou com **u**.

105

UM TEXTO PUXA OUTRO

Leia esta notícia.

Livro infantil traz cigarra autista

A cantora Anna Torres lançou o livro infantil *A cigarra autista*, escrito em parceria com Márcio Paschoal. A obra, cuja história se baseia na fábula *A Cigarra e a Formiga*, traz uma cigarra autista que mora na Floresta Amazônica. Além do texto, o livro também acompanha uma versão musical.

De acordo com informações divulgadas pela Sopa Cultural, o livro já tinha sido lançado em francês e também será liberado em espanhol futuramente. "A minha proposta é provocar o debate sobre o autismo e a discussão das políticas públicas para os portadores do Transtorno do Espectro Autista", disse.

Disponível em: https://www.canalautismo.com.br/noticia/livro-infantil-traz-cigarra-autista/.
Acesso em: 22 ago. 2022.

1 Qual fato está sendo noticiado?
_____

2 Essa história se baseia em outra que você conhece. Que história é essa?
_____

3 O que há de diferente entre essa narrativa e a que você conhece?
_____
_____

4 Qual é o objetivo da autora ao publicar o livro?
_____
_____
_____

PRODUÇÃO DE TEXTO

Preparação

Acompanhe como uma história pode ser contada por imagens.

JOSÉ LUIS JUHAS/ILUSTRA CARTOON

Forme um grupo com dois ou três colegas para conversar sobre a história por imagens.

- Em quantos momentos ela pode ser dividida? O que ocorre em cada um desses momentos?
- O cão pensa que há outro cão dentro da água com um pedaço de carne. Então, ele resolve tomar essa carne. Qual é sua opinião sobre esse comportamento do personagem?
- O que você achou do desfecho dessa história?
- Você consegue identificar semelhanças entre essa história por imagens e as fábulas? Quais?
- A moral "Aquele que tudo quer, tudo perde" resume o ensinamento que a história quer passar? Dê sua opinião aos colegas do grupo.

Planejamento e escrita

Agora, você vai produzir uma fábula com base na história por imagens da página anterior, escrevendo-a em uma folha de papel. Seu texto e os textos dos colegas, depois de revistos e reescritos, farão parte de uma exposição de fábulas da turma.

Antes de começar a escrita, siga algumas orientações:

Observe todos os momentos da história:

- Onde o cão estava?
- O que ele estava fazendo nesse lugar?
- O que aconteceu com ele?
- O que ele pensou ao ver sua imagem refletida na água? Por que soltou o pedaço de carne da boca?
- O cão consegue alcançar seu objetivo?

Descreva as características e os sentimentos do personagem.

Crie um argumento para justificar as ações do cão. Lembre-se de que o argumento é uma característica comum nas fábulas.

Observe a sequência dos fatos e escreva-os conforme o momento em que acontecem, não deixando frases soltas.

Cuide para que as palavras estejam escritas corretamente e para que a pontuação esteja correta e adequada às frases.

Não se esqueça de dar um título para a fábula e de colocar o ensinamento ao final (a moral da história).

Revisão e reescrita

Depois de concluída a produção escrita, confira se sua fábula ensina algo ao leitor e se a moral está de acordo com a história desenvolvida. Observe, também, se as características do personagem foram importantes para a construção da história.

Em uma folha de papel, reescreva o texto, procurando melhorá-lo.

Em seguida, mostre seu texto a um colega e veja se ele também produziu uma fábula. Conversem sobre os textos e verifiquem se querem fazer alguma alteração. Após essa revisão, faça a edição final do seu texto.

Apresentação

Com a ajuda do professor, faça com os colegas uma exposição das fábulas.

Depois de apreciarem as produções, escolham as três mais interessantes para serem lidas em voz alta. Escutem a leitura com atenção, que será feita pelo aluno que produziu o texto.

Depois das leituras, façam perguntas aos autores ou comentários sobre o texto que escutaram.

AMPLIANDO O VOCABULÁRIO

chiar
(chi-**ar**): emitir sons agudos, estridentes.

cessar
(ces-**sar**): parar, interromper.

calafrios
(ca-la-**fri**-os): tremor com sensação de frio.

xalinho
(xa-**li**-nho): xale pequeno, peça de vestuário usada como acessório ou agasalho.

mendiga
(men-**di**-ga): indivíduo que vive de pedir esmolas, pedinte.

sarar
(sa-**rar**): recuperar ou restituir a saúde.

LEIA MAIS

30 fábulas contemporâneas para crianças

Sérgio Capparelli. São Paulo: L&PM, 2008.

O escritor e poeta Sérgio Capparelli reúne nesse livro trinta fábulas atuais, cheias de humor e inteligência, que têm como tema ditados populares. Ricamente ilustrados por Eduardo Uchôa, os textos dessa obra mostram como as fábulas servem para pensar situações do mundo de hoje.

Fábulas de Esopo

Ruth Rocha. São Paulo: Salamandra, 2013.

Nesse livro há muitas fábulas recontadas pela autora Ruth Rocha em linguagem simples, que divertem e ensinam os leitores.

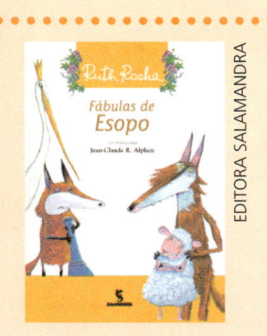

LIÇÃO 7

O REFORMADOR DO MUNDO

VAMOS COMEÇAR!

Passe os olhos pelo texto a seguir. Como ele está organizado?

Nem todos os textos são narrativas, ou seja, histórias. Observe a ilustração que acompanha o texto e leia o nome do autor, ao final do texto. Você acha que "O reformador do mundo" é uma história?

Agora leia o texto para saber o que esse "reformador do mundo" gostaria de mudar.

O reformador do mundo

Américo Pisca-Pisca tinha o hábito de pôr defeito em todas as coisas. O mundo para ele estava errado e a natureza só fazia tolices.

— Asneiras, Américo?

— Pois então?!... Aqui mesmo, neste pomar, você tem a prova disso. Ali está uma jabuticabeira enorme sustendo frutas pequeninas, e lá adiante vejo colossal abóbora presa ao caule duma planta rasteira. Não era lógico que fosse justamente o contrário? Se as coisas tivessem de ser reorganizadas por mim, eu trocaria as bolas, passando as jabuticabas para a aboboreira e as abóboras para a jabuticabeira. Não tenho razão?

FABIANA SALOMÃO

Assim discorrendo, Américo provou que tudo estava errado e só ele era capaz de dispor com inteligência o mundo.

— Mas o melhor — concluiu — é não pensar nisto e tirar uma soneca à sombra destas árvores, não acha?

E Pisca-Pisca, pisca-piscando que não acabava mais, estirou-se de papo para cima à sombra da jabuticabeira.

Dormiu. Dormiu e sonhou. Sonhou com o mundo novo, reformado inteirinho pelas suas mãos. Uma beleza!

De repente, no melhor da festa, plaft! uma jabuticaba cai do galho e lhe acerta em cheio no nariz.

Américo desperta de um pulo; pisca, pisca; medita sobre o caso e reconhece, afinal, que o mundo não era tão malfeito assim.

Monteiro Lobato. *O reformador do mundo*. Conto Brasileiro.
Disponível em: http://contobrasileiro.com.br/o-reformador-do-mundo-texto-de-monteiro-lobato/.
Acesso em: 22 ago. 2022.

ESTUDO DO TEXTO

1 Agora que você leu o texto, responda: ele é uma narrativa, ou seja, uma história? Justifique.

2 O personagem é um dos elementos de uma história. Quem é o personagem do texto "O reformador do mundo"?

3 Escreva **sim** ou **não**.

O personagem do texto:

a) colocaria as abóboras na jabuticabeira e as jabuticabas na aboboreira.

_____

b) tinha o hábito de colocar defeito em tudo.

_____

c) achava que o mundo realmente estava benfeito.

_____

d) reconheceu que o mundo não estava tão malfeito assim.

_____

e) viu em sonho o mundo todo reformado por suas mãos.

_____

4 Marque um **X** na frase que explica por que o personagem queria corrigir a natureza.

☐ "... tinha o hábito de pôr defeito em todas as coisas."

☐ "O mundo para ele estava errado..."

☐ "... só ele era capaz de dispor com inteligência o mundo."

5 Em que momento da história o personagem achou que o mundo não era tão malfeito?

_____

6 Que conclusão Pisca-Pisca tirou ao final do texto?

☐ As jabuticabas estavam fora do lugar.

☐ As pessoas precisam descansar à sombra das árvores.

☐ Pisca-Pisca seria a primeira vítima das modificações que faria.

☐ O mundo está todo errado.

7 O texto "O reformador do mundo" tem um narrador, alguém que está contando a história. Assinale o trecho onde só há narrativa, sem fala de personagem.

☐ "Assim discorrendo, Américo provou que tudo estava errado e só ele era capaz de dispor com inteligência o mundo."

☐ "— Mas o melhor — concluiu — é não pensar nisto e tirar uma soneca à sombra destas árvores, não acha?"

8 Copie do texto uma das falas dos personagens.

_____

_____

Que sinal de pontuação aparece antes da fala?

_____

9 Marque um **X** na frase que poderia ser a moral da história.

☐ A união faz a força.

☐ Muita mudança pode levar a desenganos.

☐ Quem tudo quer, tudo perde.

10 Leia mais uma vez o final da história.

> Américo desperta de um pulo; pisca, pisca; medita sobre o caso e reconhece, afinal, que o mundo não era tão malfeito assim.

a) Qual destas palavras poderia ser usada no lugar de **desperta**?

pula   dorme   sonha   acorda

_____

b) Complete com uma das palavras entre parênteses.

No trecho acima, **meditar** é o mesmo que _____.
(sonhar – pensar – planejar)

11 Leia.

> De repente, no melhor da festa, plaft! uma jabuticaba cai do galho e lhe acerta em cheio no nariz.

A palavra **plaft** indica:

☐ o som da jabuticaba caindo no nariz.

☐ o estouro de um balão de ar da festa.

☐ o som de um galho da jabuticabeira se quebrando.

12 Observe.

> Ali está uma jabuticabeira enorme sustendo frutas pequeninas, e lá adiante vejo colossal abóbora presa ao caule duma planta rasteira.

Nesse trecho, que palavra indica o tamanho:

a) da jabuticabeira? _____

b) das frutas? _____

c) da abóbora? _____

13 Releia o começo da fábula.

> Américo Pisca-Pisca **tinha** o hábito de pôr defeito em todas as coisas. O mundo para ele **estava** errado e a natureza só **fazia** tolices.

a) As três palavras destacadas indicam tempo presente, passado ou futuro?

_____

b) Quais destas palavras estão no passado? Copie-as.

| disse | diz | perguntou | perguntará | fazia |

_____

c) Nas frases a seguir, circule as palavras que indicam passado.

I. "[...] Américo provou que tudo estava errado [...]"

II. "— Mas o melhor — concluiu — é não pensar nisto [...]"

III. "Dormiu. Dormiu e sonhou. Sonhou com o mundo novo [...]"

ESTUDO DA LÍNGUA

Substantivo coletivo

Releia este trecho da fábula "O reformador do mundo":

— [...] Aqui mesmo, neste **pomar**, você tem a prova disso.

Você sabe o que significa a palavra **pomar**? Faça um desenho para representar sua resposta.

O substantivo **pomar**, embora esteja no singular, nomeia um conjunto de árvores frutíferas. Os substantivos que indicam uma coleção ou um conjunto de seres da mesma espécie, como animais, pessoas, lugares e objetos são chamados **substantivos coletivos**.

Conheça alguns substantivos coletivos.

álbum – de retratos, de selos	**flora** – de plantas de uma região
alcateia – de lobos	**galeria** – de quadros
alfabeto – de letras	**manada** – de elefantes, de bois
arquipélago – de ilhas	**matilha** – de cães de caça
banda – de músicos	**ninhada** – de pintos
bando – de aves	**nuvem** – de gafanhotos
biblioteca – de livros	**pelotão** – de soldados
boiada – de bois	**penca** – de bananas
cacho – de uvas, de bananas	**pinacoteca** – de quadros
cardume – de peixes	**pomar** – de árvores frutíferas
classe – de alunos, de pessoas	**quadrilha** – de ladrões
colmeia – de abelhas	**ramalhete** – de flores
constelação – de estrelas	**rebanho** – de ovelhas, de cabras
discoteca – de discos	**réstia** – de alhos, de cebolas
elenco – de artistas	**revoada** – de pássaros
enxame – de abelhas, de moscas	**time** – de atletas, jogadores
esquadra – de navios	**tribo** – de indígenas, de indivíduos
esquadrilha – de aviões	**turma, classe** – de alunos
fauna – de animais de uma região	**vara** – de porcos

Também são coletivos:

aboboral	dezena
década	dúzia
bananal	grosa (12 dúzias)
bimestre	jabuticabal
cafezal	milhar e milheiro
canavial	milharal
centena	século

ATIVIDADES

1 Leia o título de um artigo sobre animais.

Como os peixes nadam em cardumes sem trombar uns nos outros?

ANDRE SEALE

Yuri Vasconcelos. Disponível em: https://super.abril.com.br/mundo-estranho/como-os-peixes-nadam-em-cardumes-sem-trombar-uns-nos-outros/. Acesso em: 22 ago. 2022.

Pelo sentido do título, o que significa a palavra **cardume**?

_____

2 A ilustração abaixo mostra uma biblioteca.

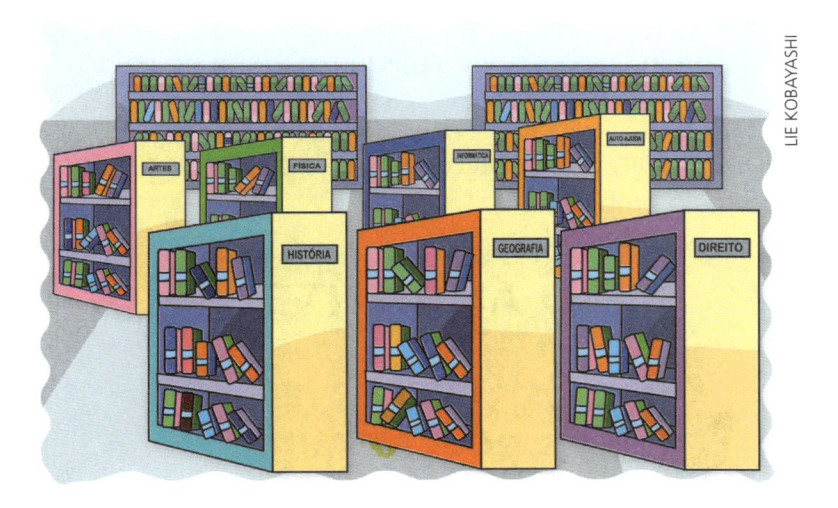

LIE KOBAYASHI

Responda: uma biblioteca é um conjunto de quê?

_____

117

3 Observe a foto e leia o trecho de uma reportagem sobre o Arquipélago de Abrolhos, que fica na Bahia.

> O lugar tem esse nome porque, quando os primeiros navegadores portugueses passavam por ali, tinham que ficar atentos aos recifes, para que o barco não ficasse preso nos corais. E gritavam uns para os outros abrirem os olhos. O arquipélago de Abrolhos (BA) é o mais importante local de reprodução das baleias jubartes no Brasil. As ilhas dali são formadas por recifes, e Abrolhos é o primeiro parque marinho do país.

Folha de S.Paulo, São Paulo, 9 jan. 2010. Suplemento Folhinha.

Arquipélago de Abrolhos, Bahia.

a) De acordo com o sentido geral do texto, o substantivo **arquipélago** é coletivo de quê?

_____

b) Assinale a frase desse texto que explica a origem do nome Abrolhos.

☐ "E gritavam uns para os outros abrirem os olhos."

☐ "As ilhas dali são formadas por recifes [...]"

☐ "[...] Abrolhos é o primeiro parque marinho do país."

4 Observe a placa a seguir, que tem como função alertar os usuários em relação à preservação do meio ambiente.

MEIO AMBIENTE

PRESERVE NOSSA FAUNA E FLORA. QUEM GANHA É VOCÊ.

a) Considerando as palavras destacadas na frase "Preserve nossa **fauna** e **flora**.", a orientação da placa é para que as pessoas preservem especificamente o quê?

_____

_____

b) Reescreva a frase destacada no item **a**, substituindo as palavras **fauna** e **flora** por outras que tenham o mesmo sentido. Faça as alterações necessárias.

_____

c) Segundo o que se afirma na placa, quem seria o beneficiado com a proteção do meio ambiente? Você concorda? Por quê?

_____

_____

5 Complete os quadros relacionando o substantivo coletivo (indicado em **azul**) ao conjunto que ele nomeia (indicado em **vermelho**). Pesquise, na lista da página 124, os substantivos coletivos cuja correspondência você não conheça. Veja o modelo:

Substantivo coletivo	Conjunto de
manada	elefantes

Substantivo coletivo	Conjunto de
vara	porcos

manada   biblioteca   elefantes   penca
cabras   estrelas   esquadrilha   navios
porcos   quadrilha   flores   ladrões
esquadra   aviões   réstia   cardume
constelação   rebanho   livros   lobos
peixes   bananas   ramalhete   alhos
enxame   alcateia   abelhas   vara

6 Circule o coletivo correspondente.

a) **álbum**   retratos   flora   deputados

b) **músicos**   papel   banda   discos

c) **jogadores**   frota   esquadrilha   time

d) **cães**   ramalhete   matilha   rebanho

e) **artistas**   veículo   fotografia   elenco

f) **discos**   multidão   discoteca   enxame

7 Escreva a que coleções se referem estes substantivos.

alfabeto _____

pomar _____

boiada _____

ninhada _____

bando _____

classe _____

esquadra _____

nuvem _____

constelação _____

pelotão _____

8 Agora escreva o substantivo coletivo relativo a cada figura.

a)

b)

c)

d)

e)

f)

ORTOGRAFIA

Palavras com l e lh

Leia estas palavras da fábula "O ratinho, o gato e o galo", que você lerá a seguir.

> tulha   milho   fulho   barulhentamente

- O que essas palavras têm em comum?

ATIVIDADES

1 Leia as palavras e copie-as nos quadros certos.

> saleiro   molheira   cabeleireiro   barulheira
> palheiro   hospitaleiro   toalheiro   prateleira
> cristaleira   conselheiro   sinaleiro   trabalheira

Palavras com l	Palavras com lh

2 Complete as frases com as palavras dos quadros.

a) **mola – molha**

Renato _____ as plantas do jardim.

A _____ da cadeira do papai está quebrada.

b) **afilado – afilhado**

O padrinho deu um presente ao _____.

Camila tem o nariz _____.

c) **bola – bolha**

Jair não queria emprestar sua _____ para os meninos jogarem futebol.

De tanto jogar futebol, Antônio ficou com uma _____ no pé.

UM TEXTO PUXA OUTRO

As histórias podem ser apresentadas oralmente, em textos escritos, por meio de ilustrações. Algumas vezes, textos e ilustrações se complementam.

- Observe as ilustrações a seguir e escreva o título de cada fábula representada.

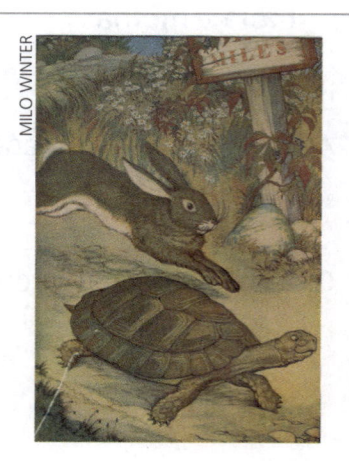

PRODUÇÃO DE TEXTO

Você vai se preparar para contar oralmente aos colegas uma fábula.

Preparação

O professor vai ajudá-lo a escolher uma das três fábulas a seguir.

A galinha e a raposa

O galo e as galinhas viram que lá longe vinha uma raposa. Empoleiraram-se na árvore mais próxima, para escapar da inimiga.

Com sua esperteza, a raposa chegou perto da árvore e se dirigiu a eles:

— Ora, meus amigos, podem descer daí. Não sabem que foi decretada a paz entre os animais? Desçam e vamos festejar esse dia tão feliz!

Mas o galo, que também não era tolo, respondeu:

— Que boas notícias! Mas estou vendo daqui de cima alguns cães que estão chegando. Decerto eles também vão querer festejar.

A raposa mais que depressa foi saindo:

— Olha, é melhor que eu vá andando. Os cães podem não saber da novidade e querer me atacar.

Domínio público.

Os viajantes e o urso

Dois homens viajavam juntos quando, de repente, surgiu um urso de dentro da floresta e parou diante deles, urrando. Um dos homens tratou de subir na árvore mais próxima e agarrar-se aos ramos. O outro, vendo que não tinha tempo para esconder-se, deitou-se no chão, esticado, fingindo de morto, porque ouvira dizer que os ursos não tocam em homens mortos.

O urso aproximou-se, cheirou o homem deitado, e voltou de novo para a floresta.

Quando a fera desapareceu, o homem da árvore desceu apressadamente e disse ao companheiro:

— Vi o urso a dizer alguma coisa no teu ouvido. Que foi que ele disse?

— Disse que eu nunca viajasse com um medroso.

Na hora do perigo é que se conhece os amigos.

Domínio público.

O ratinho, o gato e o galo

Certa manhã, um ratinho saiu do buraco pela primeira vez.

Queria conhecer o mundo e travar relações com tanta coisa bonita de que falavam seus amigos. Admirou a luz do sol, o verdor das árvores, a correnteza dos ribeirões, a habitação dos homens. E acabou penetrando no quintal duma casa da roça.

— Sim senhor! É interessante isto!

Examinou tudo minuciosamente, farejou a tulha de milho e a estrebaria. Em seguida, notou no terreiro um certo animal de belo pêlo, que dormia sossegado ao sol. Aproximou-se dele e farejou-o, sem receio nenhum. Nisto, aparece um galo, que bate as asas e canta. O ratinho, por um triz, não morreu de susto.

Arrepiou-se todo e disparou como um raio para a toca.

Lá contou à mamãe as aventuras do passeio.

— Observei muita coisa interessante — disse ele. — Mas nada me impressionou tanto como dois animais que vi no terreiro.

Um de pêlo macio e ar bondoso, seduziu-me logo. Devia ser um desses bons amigos da nossa gente, e lamentei que estivesse a dormir impedindo-me de cumprimentá-lo. O outro... Ai, que ainda me bate o coração! O outro era um bicho feroz, de penas amarelas, bico pontudo, crista vermelha e aspecto ameaçador. Bateu as asas barulhentamente, abriu o bico e soltou um có-ri-có-có tamanho, que quase caí de costas. Fugi. Fugi com quantas pernas tinha, percebendo que devia ser o famoso gato, que tamanha destruição faz no nosso povo.

A mamãe rata assustou-se e disse:

— Como te enganas, meu filho! O bicho de pêlo macio e ar bondoso é que é o terrível gato. O outro, barulhento e espaventado, de olhar feroz e crista rubra, filhinho, é o galo, uma ave que nunca nos fez mal. As aparências enganam.

Aproveita, pois, a lição e fica sabendo que:

Quem vê cara não vê coração.

(Monteiro Lobato)
Domínio público.

Escrita

Leia o texto escolhido mais de uma vez, para entender bem a história. Se for necessário, consulte um dicionário para esclarecer o sentido das palavras que você não conhece.

Reescreva a fábula, com suas palavras, da maneira como você se lembrar.

_____
_____
_____
_____
_____
_____
_____
_____
_____
_____
_____
_____
_____
_____

Revisão

Leia seu texto, como se você não conhecesse a história. É possível entender:
- quem são os personagens?
- que fatos acontecem?
- qual problema eles enfrentam?
- como a história termina?
- qual é o ensinamento transmitido?

Volte mais uma vez ao texto. Releia-o para tirar suas últimas dúvidas.

Apresentação

Sente-se com os outros alunos que leram a mesma fábula. Conversem sobre a história e definam quem de vocês vai contá-la ao restante da turma. A pessoa escolhida deve ensaiar a contação da fábula com o grupo. Ajudem o colega dando sugestões de como pode ser mais claro e mais expressivo ao contar.

Quando o professor pedir, o aluno escolhido contará a fábula a todos os colegas.

Avaliação

Depois que as três fábulas forem contadas, vejam se:
- os alunos que as ouviram conseguiram entender as partes da história e quem eram os personagens;
- entenderam o ensinamento transmitido.

AMPLIANDO O VOCABULÁRIO

asneira

(as-**nei**-ra): tolice, bobagem.

colossal

(co-los-**sal**): enorme.

discorrer

(dis-cor-**rer**): falar sobre algo.

dispor

(dis-**por**): organizar.

pomar

(po-**mar**): terreno com árvores que dão frutos.

rasteiro

(ras-**tei**-ro): que fica próximo do chão.

suster

(sus-**ter**): sustentar.

Pomar.

LEIA MAIS

Fábulas

Monteiro Lobato. São Paulo: Universo dos Livros, 2020.

Nesse livro, com a ilustre presença dos personagens do Sítio do Picapau Amarelo, Monteiro Lobato reconta muitas fábulas de Esopo e La Fontaine e também apresenta outras de sua autoria.

Fábulas palpitadas: recontadas em versos e comentadas

Pedro Bandeira. São Paulo: Moderna, 2011.

Com esse livro, você vai poder se divertir com as fábulas de Esopo nas quais os animais nos dão boas lições de moral!

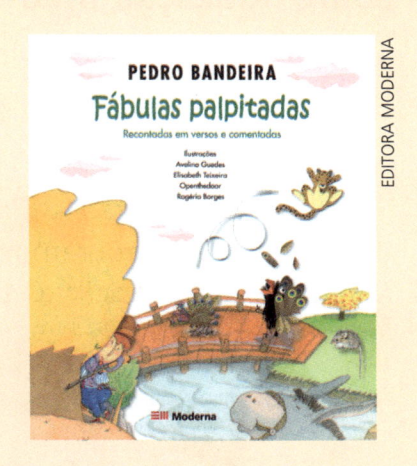

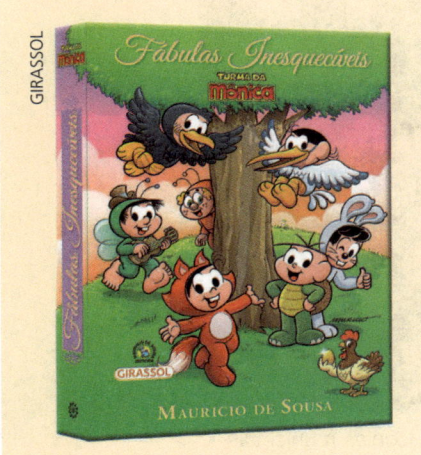

Fábulas Inesquecíveis: Turma da Mônica

Mauricio de Sousa. Barueri, SP: Girassol, 2015.

Aqui você encontrará diferentes fábulas representadas pelos personagens da Turma da Mônica, aprendendo algumas lições de vida.

LIÇÃO 8
EDUCAÇÃO FINANCEIRA PARA CRIANÇAS

VAMOS COMEÇAR!

💬 Leia somente o título da notícia a seguir. Em sua opinião, de que assunto trata este texto? Você já ouviu falar em educação financeira?

Agora, leia a notícia em silêncio. Depois, siga as orientações do professor para a leitura.

Escolas municipais de Garanhuns recebem mais de 5 mil livros sobre educação financeira para crianças

O material está sendo entregue às unidades da cidade e da zona rural.

Por G1 Caruaru

Na segunda-feira (18), Dia Nacional do Livro Infantil, as escolas municipais de Garanhuns receberam mais de 5 mil livros voltados para educação financeira das crianças. O material está sendo entregue às unidades da cidade e da zona rural.

Livros infantis sobre educação financeira são entregues às escolas municipais de Garanhuns.

Os exemplares fazem parte de uma coleção chamada "Educação e Cidadania" e atuam com temas como vida familiar, consumo consciente e educação financeira. "Com a chegada do componente curricular Educação Financeira, o município traz como uma das estratégias para introduzir a temática de forma atrativa", afirmou a Secretária de Educação, Wilza Vitorino.

Uma das primeiras escolas receber os livros foi a Salomão Rodrigues Vilela, localizada no distrito de Miracica. "Este material que hoje recebemos em nossa escola é riquíssimo, nos dará suporte para tratarmos sobre a educação financeira com algo que de fato é adequado para as crianças", declarou a coordenadora pedagógica da unidade, Kátia Cilene.

Disponível em: https://g1.globo.com/pe/caruaru-regiao/noticia/2022/04/19/escolas-municipais-de-garanhuns-recebem-mais-de-5-mil-livros-sobre-educacao-financeira-para-criancas.ghtml. Acesso em: 22 ago. 2022.

ESTUDO DO TEXTO

1 O texto que você acabou de ler é uma notícia. Assinale as alternativas a seguir que podem justificar essa afirmação.

☐ O fato relatado é verdadeiro, ele realmente ocorreu.

☐ O fato relatado não é verdadeiro e conta a história de uma escola que tinha um cofre em cada turma.

☐ O fato relatado é de interesse público e foi publicado em um meio de comunicação social.

2 Onde foi publicada essa notícia?

_____

_____

> Nas notícias, a frase ou pequeno texto que vem logo após o título chama-se **linha fina**. Atrair a atenção do leitor para o texto é a principal função da linha fina.

3 Releia o início da notícia e copie o trecho que corresponde à linha fina.

_____

_____

_____

4 Complete o quadro a seguir sobre o fato relatado na notícia.

O que está sendo informado?	
Quando ocorre o fato?	
Quem são os envolvidos no fato?	
Onde ocorre o fato?	

> Nas notícias, é comum que o primeiro parágrafo traga as informações mais importantes sobre o fato relatado, respondendo às perguntas: o quê, com quem, onde e quando. Esse parágrafo é chamado de **lide** e resume as informações essenciais do fato.

5 Agora, em poucas palavras, informe o que relata essa notícia.

_____

_____

_____

_____

6 Em uma notícia, é comum haver depoimentos de pessoas envolvidas com o fato. Releia dois destes depoimentos. Depois, responda.

"Com a chegada do componente curricular Educação Financeira, o município traz como uma das estratégias para introduzir a temática de forma atrativa", afirmou a Secretária de Educação, Wilza Vitorino.

"Este material que hoje recebemos em nossa escola é riquíssimo, nos dará suporte para tratarmos sobre a educação financeira com algo que de fato é adequado para as crianças", declarou a coordenadora pedagógica da unidade, Kátia Cilene.

a) Em sua opinião, por que essas pessoas foram convidadas a dar seus depoimentos?

_____

_____

_____

b) Você acredita que esses depoimentos são importantes para uma notícia?

_____

_____

_____

c) Os depoimentos são positivos ou negativos em relação ao fato noticiado?

_____

_____

_____

7 Os depoimentos que você acabou de ler:

☐ ajudam o leitor a entender de que livro se trata, quem o escreveu e como ele chegou à escola.

☐ permitem que o leitor compreenda a importância da educação financeira nas escolas e o impacto desses livros no ensino dela.

☐ explicam para o leitor o que é educação financeira.

☐ explicam que o tema deve ser tratado de forma atrativa e, por isso, usar um texto literário é interessante.

8 Considerando a primeira alternativa da atividade anterior, em que momento é possível conhecer o livro do qual trata a notícia?

_____

9 Releia o depoimento da estudante Isabelle.

> Os exemplares fazem parte de uma coleção chamada "Educação e Cidadania" e atuam com temas como vida familiar, consumo consciente e educação financeira.

a) Quais são os temas abordados na coleção?

_____

_____

b) Você acha que esses temas são independentes, ou seja, não estão conectados?

_____

_____

_____

> **Notícia** é um gênero textual produzido com o objetivo de informar leitores, ouvintes ou telespectadores sobre um fato real, de interesse público, e que pode ser divulgado em jornais, *sites* jornalísticos na internet, na TV, no rádio ou em revistas.

10 Releia o depoimento de Kátia Cilene.

> "Este material que hoje recebemos em nossa escola é riquíssimo, nos dará suporte para tratarmos sobre a educação financeira com algo que de fato é adequado para as crianças" [...].

Como esse depoimento está indicado no trecho transcrito acima?

_____

_____

_____

_____

> Em notícias, os depoimentos são destacados por um sinal de pontuação chamado **aspas**: " ".
> As aspas, entre outros usos, também podem ser empregadas para:
> - destacar as falas de personagens, nos contos, por exemplo;
> - indicar humor, ironia;
> - destacar trechos de livros, filmes, peças teatrais, exposições etc.

11 Qual é a função das aspas no trecho destacado abaixo?

> Os exemplares fazem parte de uma coleção chamada "Educação e Cidadania" e atuam com temas como vida familiar, consumo consciente e educação financeira.

_____
_____
_____

12 Releia este trecho da notícia.

> Na segunda-feira (18), Dia Nacional do Livro Infantil, as escolas municipais de Garanhuns receberam mais de 5 mil livros voltados para educação financeira das crianças. O material está sendo entregue às unidades da cidade e da zona rural.

a) Nesse trecho, a expressão **5 mil livros** foi substituída por outra. Localize-a e copie-a.

_____

b) Em sua opinião, por que o jornalista substituiu a expressão **5 mil livros**?

_____
_____

13 Leia mais um trecho da notícia.

> "Este material que hoje recebemos em nossa escola é riquíssimo, nos dará suporte para tratarmos sobre a educação financeira com algo que de fato é adequado para as crianças" [...].

Agora, leia o mesmo trecho com uma palavra alterada.

"Este material que hoje recebemos em nossa escola é demais, nos dará suporte para tratarmos sobre a educação financeira com algo que de fato é adequado para as crianças" [...].

a) Qual palavra foi alterada de um trecho para o outro?
_____

b) Em qual dos dois trechos a linguagem é mais formal?
_____

c) Em que situações comunicativas usaríamos o segundo trecho?
_____
_____

d) Por ser uma entrevista, qual trecho está mais adequado à situação? Por quê?
_____
_____

O registro linguístico em notícias normalmente é o formal, que observa as normas gramaticais de pontuação, concordância, correção das palavras etc. Porém, quando registra diretamente depoimentos de pessoas, o jornalista pode optar por reproduzir a fala de modo mais informal, como se a pessoa estivesse numa situação de conversa do dia a dia, com menor preocupação em relação às normas gramaticais e utilizando um vocabulário mais simples.

14 Observe a capa e o título do livro que foi distribuído nas escolas. Agora, faça uma pesquisa sobre educação financeira e liste alguns assuntos que poderiam ser tratados nessa obra.
_____
_____
_____

134

EU GOSTO DE APRENDER MAIS

Como será que as notícias eram divulgadas antes da existência dos meios de comunicação? Leia o texto a seguir, que trata desse assunto.

Imagine uma época em que não havia jornal impresso, nem rádio, nem TV, e muito menos internet...

Com certeza, era muito difícil para os governantes se comunicarem com a população, porque tudo funcionava na base do boca a boca. Um mensageiro anunciava as "boas novas" para o povo — e um problema podia surgir quando eram "más novas" (más notícias)! Até os comerciantes e exploradores faziam o papel de jornalistas, divulgando oralmente as notícias pelos lugares por onde passavam.

Naquele tempo, como quase ninguém sabia ler, a mensagem tinha de ser quase totalmente oral. Mas, com o crescimento das cidades, das atividades comerciais e principalmente com a alfabetização das pessoas, as comunicações passaram a ser escritas. Surgiram os *avvisi*, que eram avisos escritos à mão e afixados em lugares públicos.

Em 1445, com a criação da imprensa, por Johannes Gutenberg, teve início a impressão de livros. Em 1605, surgiu o primeiro jornal impresso, em Antuérpia, na Bélgica.

No Brasil, o primeiro jornal — *Gazeta do Rio de Janeiro* — só surgiu em 1808, com a vinda da família real portuguesa para cá. Hoje existem inúmeros jornais impressos e eletrônicos, e a notícia chega até nós por diversos canais.

Então, aproveite tudo o que a nossa época oferece e fique por dentro do que acontece em todos os cantos do planeta!

Jacqueline Peixoto Barbosa.
Trabalhando com os gêneros do discurso: notícia. São Paulo: FTD, 2001.

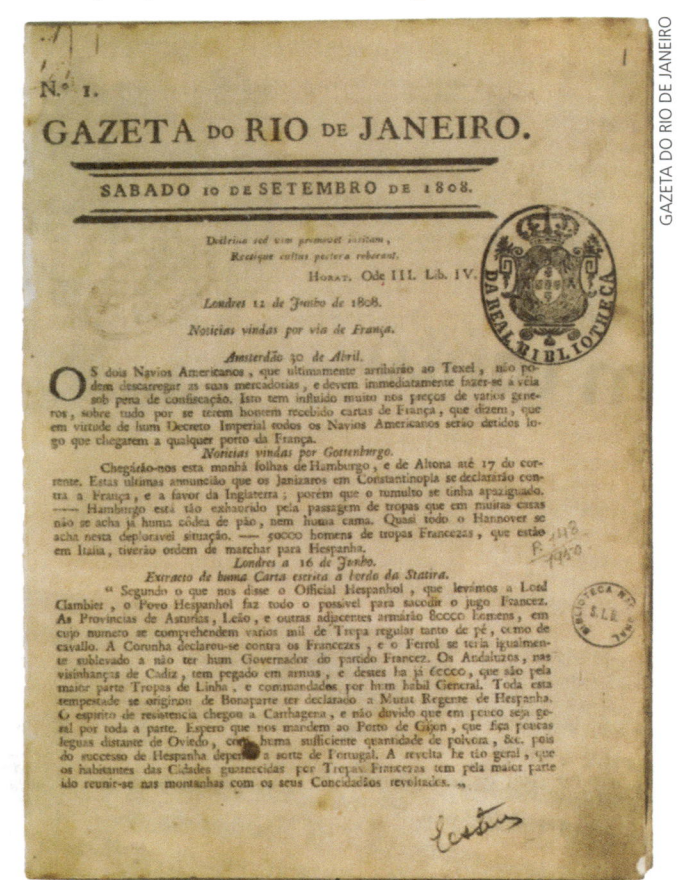

Primeira página do jornal *Gazeta do Rio de Janeiro*, de 10 de setembro de 1808.

135

UM TEXTO PUXA OUTRO

Leia um trecho do conto a seguir.

Como se fosse dinheiro

Todos os dias, Catapimba levava dinheiro para a escola para comprar o lanche. Chegava no bar, comprava um sanduíche e pagava seu Lucas.
Mas seu Lucas nunca tinha troco:
— Ô, menino, leva uma bala que eu não tenho troco.
Um dia, Catapimba reclamou de seu Lucas:
— Seu Lucas, eu não quero bala, quero meu troco em dinheiro.
— Ora, menino, eu não tenho troco. Que é que eu posso fazer?
— Ah, eu não sei! Só sei que quero meu troco em dinheiro!
— Ora, bala é como se fosse dinheiro, menino! Ora essa...
Catapimba ainda insistiu umas duas ou três vezes.
A resposta era sempre a mesma:
— Ora, menino, bala é como se fosse dinheiro...
Aí, o Catapimba resolveu dar um jeito.
No dia seguinte, apareceu com um embrulhão debaixo do braço. Os colegas queriam saber o que era. Catapimba ria e respondia:
— Na hora do recreio, vocês vão ver...
E, na hora do recreio, todo mundo viu.
Catapimba comprou o seu lanche. Na hora de pagar, abriu o embrulho. E tirou de dentro... uma galinha.
Botou a galinha em cima do balcão.
— Que é isso, menino? — perguntou seu Lucas.
— É pra pagar o sanduíche, seu Lucas. Galinha é como se fosse dinheiro... O senhor pode me dar o troco, por favor?
[...]

Ruth Rocha. *Como se fosse dinheiro*. São Paulo: Salamandra, 2010. [Livro eletrônico]

1 Responda oralmente.

a) Quem são os personagens desse trecho do conto?
b) Onde se passa a história?
c) O que seu Lucas usava como troco?
d) Catapimba gostava dessa situação? O que ele fez?
e) O que você achou da atitude de Catapimba?
f) Se fosse você, como resolveria essa situação?
g) Você acha que essa história poderia ter acontecido de verdade? Por quê?
h) Como você imagina que seu Lucas reagiu?

2 Observe a capa do livro. A ilustração mostra o personagem Caloca, um dos alunos da escola do Catapimba.

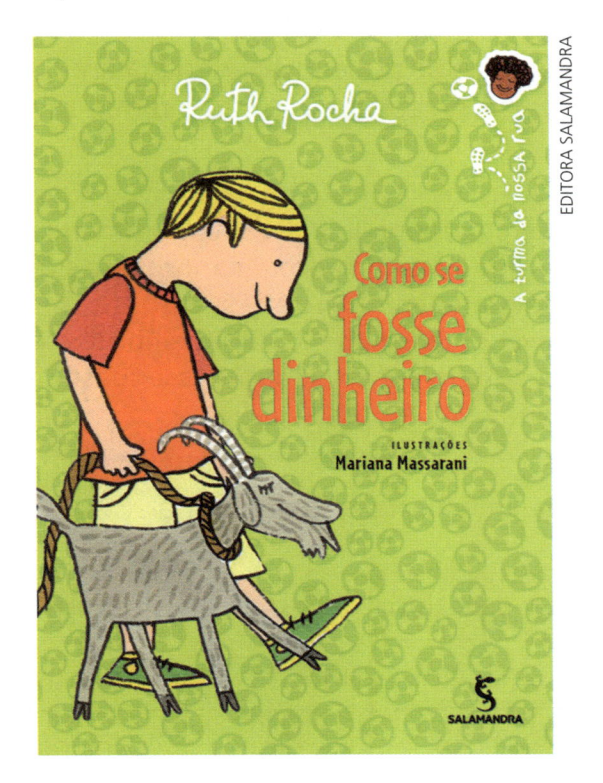

Você acha que a ilustração:

☐ não tem relação com a história.

☐ demonstra que a iniciativa de Catapimba motivou outros alunos da escola a protestarem contra a atitude de seu Lucas.

☐ mostra que a história vai "dar bode", isto é, pode dar confusão.

ESTUDO DA LÍNGUA

Grau do substantivo

Releia um título de notícia e um trecho do conto lido na seção anterior.

> Educação financeira infantil: conta bancária para criança é o novo **cofrinho**
>
> Disponível em: https://economia.uol.com.br/mais/pagbank/2022/02/11/educacao-financeira-infantil-mesada-cofrinho-conta.htm. Acesso em: 22 ago. 2022.

> No dia seguinte, apareceu com um **embrulhão** debaixo do braço.

As pessoas, os animais, os objetos podem variar de tamanho. Essa variação recebe o nome de **grau**. Os graus do substantivo são o **diminutivo** e o **aumentativo**.

> A palavra **cofrinho** indica um cofre de tamanho menor que determinado tamanho. Esse substantivo está no **grau diminutivo**.
> A palavra **embrulhão** indica um embrulho de tamanho maior que determinado tamanho. Esse substantivo está no **grau aumentativo**.

Conheça o diminutivo e o aumentativo de algumas palavras.

	diminutivo	aumentativo
amor	amorzinho	amorzão
amigo	amiguinho	amigão
animal	animalzinho	animalão
barca	barquinha	barcaça
boca	boquinha	bocarra
chapéu	chapeuzinho	chapelão
cão	cãozinho	canzarrão

	diminutivo	aumentativo
casa	casinha	casarão
copo	copinho	copázio/copaço
corpo	corpinho	corpanzil
coqueiro	coqueirinho	coqueirão
fogo	foguinho	fogaréu
forno	forninho	fornalha
garoto	garotinho	garotão

	diminutivo	aumentativo
garrafa	garrafinha	garrafão
homem	homenzinho	homenzarrão
menino	menininho	meninão
muro	murinho	muralha
nariz	narizinho	narigão
pé	pezinho	pezão

	diminutivo	aumentativo
perna	perninha	pernaça
rapaz	rapazinho	rapagão
sala	salinha	salão
tatu	tatuzinho	tatuzão
tesoura	tesourinha	tesourão
voz	vozinha	vozeirão

1 Escreva o que se pede.

a) O aumentativo de **cão**, **casa**, **fogo** e **forno**.

___

___

___

b) O diminutivo de **cão**, **chapéu**, **casa** e **voz**.

___

___

___

2 Escreva o aumentativo e o diminutivo destas palavras.

homem

___

___

corpo

___

___

perna

___

___

copo

___

___

boca

___

___

tesoura

___

___

3 Reescreva as frases colocando no aumentativo as palavras destacadas. Faça as alterações necessárias.

a) O **rapaz** comprou um **chapéu**.

_____

b) O **cão** fugiu e se escondeu atrás do **muro**.

_____

c) O **nariz** do palhaço era vermelho.

_____

d) Que **peixe** André pescou!

_____

e) O **corpo** do gigante não passou pela **sala**.

_____

4 Escreva os substantivos abaixo no grau diminutivo.

borracha _____   chapéu _____

fogo _____   corpo _____

casa _____   carro _____

nariz _____   cavalo _____

rapaz _____   amigo _____

cabeça _____   braço _____

5 Nem sempre as palavras terminadas em **-ão** e **-inho(a)** estão no aumentativo ou no diminutivo. Assinale as frases em que o substantivo destacado não exprime diferentes tamanhos.

☐ A lanchonete vendeu muitas **coxinhas** hoje.

☐ O **portão** da casa estava fechado.

☐ Usem um pedaço de **papelão** para fazer o trabalho de Arte.

☐ A casa fica em uma **ruazinha** estreita.

☐ Recebi um **cartão** de aniversário.

PRODUÇÃO DE TEXTO

Chegou a hora de pesquisar uma notícia interessante e atual para afixar no mural da sala de aula.

Preparação

Reúna-se com um colega. Pesquisem, em alguns veículos que publicam notícias, como os fatos são narrados, a estrutura do texto, a construção das frases, a distribuição das informações transmitidas, os detalhes publicados.

Planejamento e escrita

Escolham uma notícia que seja interessante para os colegas da turma.
Reproduzam a notícia em uma folha ou digitem no computador e imprimam.
O uso de imagens é opcional, mas lembrem-se que elas podem tornar a notícia mais atrativa. Indiquem a fonte dessa notícia, isto é, o nome do jornal que a publicou e a data.
Por se tratar da divulgação de uma notícia, lembrem-se de que não é o momento para comentários pessoais ou opinião. Atenham-se apenas aos fatos.

Revisão e reescrita

Troquem o texto com outra dupla para que sejam avaliados e façam o mesmo com o texto recebido. A dupla deve considerar as observações que julgar pertinentes.
Entreguem o trabalho ao professor, para eventuais correções ortográficas e gramaticais. Se necessário, reescrevam o texto.

Divulgação

Exponham a notícia no mural da sala de aula.

AMPLIANDO O VOCABULÁRIO

cidadania

(ci-da-da-**ni**-a): tudo que torna uma pessoa um cidadão, considerando seus direitos e deveres.

LEIA MAIS

Como se fosse dinheiro

Ruth Rocha. São Paulo: Salamandra, 2010.

Nesse livro, o personagem Catapimba sempre recebia uma bala no lugar de seu troco quando comprava o lanche na cantina do seu Lucas. Até que um dia ele se cansou dessa situação e teve uma ideia para resolver o problema.

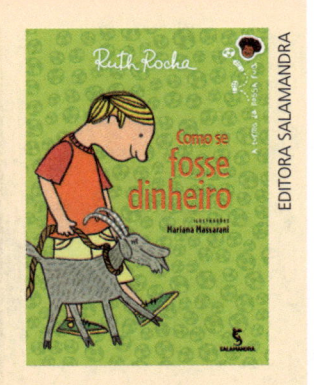

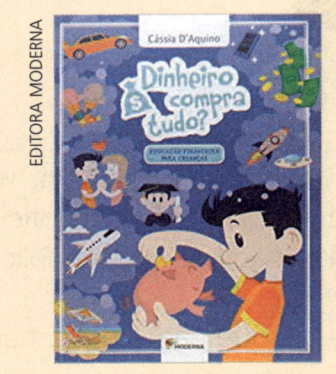

Dinheiro compra tudo? Educação financeira para crianças

Cássia D'Aquino. São Paulo: Moderna, 2016.

Nessa obra é possível conhecer tudo sobre dinheiro, desde onde é fabricado, passando pelo formato e o dinheiro ao redor do mundo, até compreender seu papel no nosso dia a dia.

Educação financeira: um guia de valor

Flávia Aidar. São Paulo: Moderna, 2016.

Com esse guia você vai entender melhor para que serve o dinheiro e como podemos lidar com ele de forma consciente.

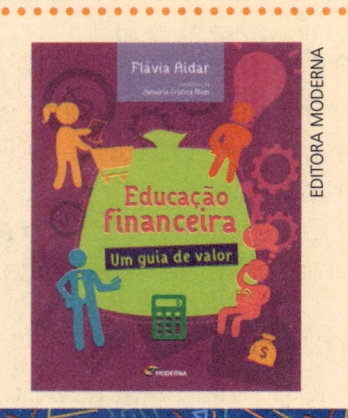

ORGANIZANDO CONHECIMENTOS

1 Complete as frases com **porque**, **por que** ou **por quê**.

a) Você faltou _____?

b) _____ você não foi ao jantar?

c) Vânia tirou boa nota _____ estudou muito.

d) Não gosto de jiló _____ é muito amargo.

e) O ser humano não respeita a natureza. _____?

f) Nós devemos conservar nossas matas, _____ nelas vivem muitos animais, entre outras razões.

2 Complete os espaços em branco no diálogo a seguir com **porque**, **por que** ou **por quê**.

— Por favor, que horas são?

— _____?

— _____ acho que estou atrasado.

— Você devia ter um relógio. _____ não compra um?

— _____ posso perguntar as horas para você!

— A todo momento você quer saber as horas e eu não sei _____.

3 Leia a tirinha.

FERNANDO GONSALES

a) No primeiro quadrinho, o homem diz que a cenoura não está funcionando e que ele vai trocar. O que você imaginava que ele iria trocar?

_____

b) Qual substantivo aparece no primeiro quadrinho? Ele é comum ou próprio?

_____

143

4 Escreva a primeira letra do nome de cada figura e descubra o coletivo de **mapas**.

☐ ☐ ☐ ☐ ☐

5 Ligue os animais aos substantivos coletivos correspondentes.

lobos	matilha
bois	ninhada
cães	alcateia
pintinhos	boiada

6 Uma das formas de se manter informado é acompanhar as notícias. Leia estes títulos de notícias.

> **Vacinação em queda no Brasil preocupa autoridades por risco de surtos e epidemias de doenças fatais**
>
> Fonte: *Folha de S.Paulo*. Disponível em: https://bit.ly/2J8PFwa. Acesso em: 22 ago. 2022.

> **Através da leitura, projeto ensina educação financeira para crianças**
>
> Fonte: *G1* Bauru e Marília. Disponível em: https://glo.bo/2J4gx0m. Acesso em: 22 ago. 2022.

> **Sem previsão de chuvas, bombeiros pedem atenção contra incêndios**
>
> Fonte: *Correio Braziliense*. Disponível em: https://bit.ly/2u533Nf. Acesso em: 22 ago. 2022.

a) Onde você poderia ler ou ouvir os títulos apresentados na página anterior?

_____

_____

b) Que profissional poderia ter escrito esses títulos: um poeta, um jornalista ou um publicitário?

_____

_____

c) Que título apresenta mais informações sobre o acontecimento noticiado? Explique sua resposta.

_____

_____

_____

7 Copie as frases substituindo as expressões em destaque pelo substantivo correspondente no grau **diminutivo** ou **aumentativo**.

a) Naquela **pequena rua** mora meu **grande amigo**.

_____

b) Minha **filha pequena** gosta de ouvir **histórias curtas**.

_____

c) Não faça um **grande drama** por **problemas miúdos**.

_____

d) Este **minúsculo jacaré** tem uma **boca enorme**.

_____

e) Nessa **mala pequena** não vão caber os **livros grandes**.

_____

LIÇÃO 9

AMARELINHA

VAMOS COMEÇAR!

Você vai ler as regras de uma brincadeira muito conhecida e que recebe vários nomes: amarelinha, sapata, academia, macaca, marela, maré... Você sabe como se brinca? Observe as figuras. Elas mostram quatro maneiras de desenhar esta brincadeira.

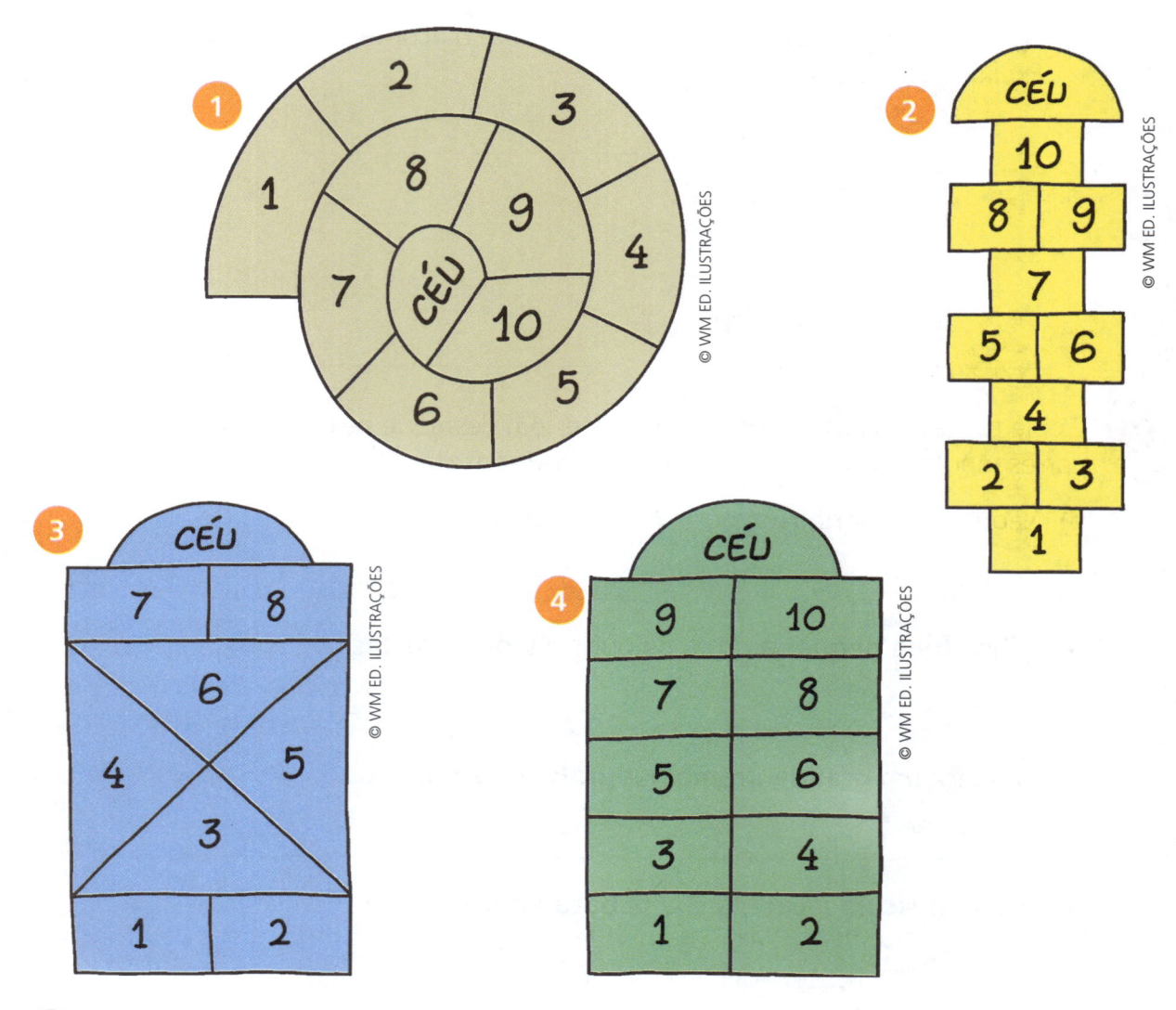

- Por qual nome essa brincadeira é conhecida onde você mora?
- Você já brincou ou viu alguém brincar? Com qual desses desenhos?
- Você sabe brincar? Explique aos colegas.

Leia as regras da brincadeira amarelinha.

Amarelinha

Como se brinca?

Regras:

- Não pode apoiar a mão ou o outro pé no chão para pegar a pedrinha.
- Não pode pisar na linha ou fora do quadrado.
- Não pode pisar no quadrado em que estiver a pedra.
- Não pode jogar a pedrinha no quadrado errado.
- Quem errar passa a vez para o jogador seguinte.
- Sempre que o jogador que errou voltar, ele recomeça de onde estava.
- Ganha quem fizer primeiro todo o trajeto sem errar.

1 Os participantes fazem o desenho como indicado ao lado.

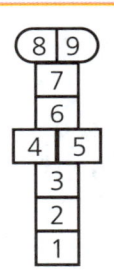

2 O jogador lança a pedra para a casa 1 e segue pulando, com um pé nas casas 2, 3, 6 e 7 e, com os dois pés, um em cada quadrado, nas casas 4/5 e 8/9.

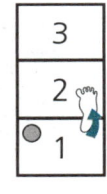

3 Quando ele chega às casas 8 e 9, deve girar o corpo até ficar de frente para a figura e voltar pelo mesmo caminho, repetindo a ordem dos pulos. Quando chegar à casa 2, pega a pedra que está na casa 1 e recomeça.

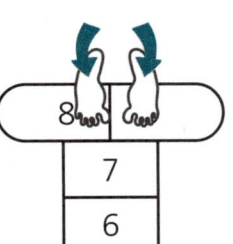

4 Se conseguir lançar a pedra na sequência dos números até chegar à casa 9, e voltar sem pisar em nenhuma linha, o participante fica de costas para a figura quando chegar às casas 8 e 9 e lança a pedra por cima de sua cabeça. Caso ela caia em alguma casa, o jogador faz um desenho ali, e só ele poderá pisar nela.

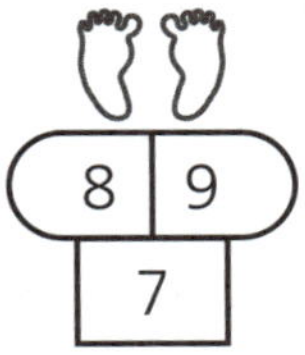

ILUSTRAÇÕES: SGAMARANTE

Mapa do Brincar/UOL. Disponível em: https://bit.ly/2NBtEtF.
Acesso em: 22 ago. 2022.

ESTUDO DO TEXTO

1 Você conhecia a brincadeira amarelinha da maneira como ela foi apresentada na página 147? É diferente do jeito como você brinca? Em quê?

_____

_____

2 Qual é a intenção do texto "Amarelinha"? Assinale a alternativa correta.

☐ Ensinar a montar um objeto.

☐ Ensinar as regras da brincadeira.

☐ Ensinar a escolher participantes para brincar.

> As regras de uma brincadeira são **instruções**. O objetivo é explicar como jogar e mostrar o que se pode ou não fazer durante a brincadeira.

3 O texto é apresentado passo a passo, ou seja, em etapas. Você acha necessário? Por quê?

_____

_____

_____

4 Em quantos passos a brincadeira foi ensinada?

_____

5 Você acha que algum desses passos poderia ser excluído sem modificar a brincadeira?

_____

_____

6 Em sua opinião, algum outro passo poderia ter sido acrescentado?

_____

_____

7 De acordo com o texto, qual é o primeiro passo para começar a brincar de amarelinha?

_____

_____

8 Volte ao texto "Amarelinha" e observe os quadros numerados.

a) O que a ilustração do quadro 1 indica?

_____

_____

b) Observe as ilustrações que acompanham os quadros 2 e 3. O que elas indicam?

_____

_____

c) Leia a instrução do quadro 4. O que ela explica?

_____

_____

9 Quando um jogador retorna à brincadeira, em que posição ele entra?

_____

_____

10 O que é preciso para vencer primeiro a brincadeira?

_____

_____

_____

ESTUDO DA LÍNGUA

Artigo definido e artigo indefinido

Observe as ilustrações e leia as palavras.

Quando Magali pede à mãe que leia "**o** livro de receitas", a menina está se referindo a certo livro de receitas que ambas já sabem qual é.

E se ela tivesse dito "**um** livro de receitas"? Nesse caso, talvez ela estivesse falando de um livro de receitas qualquer. Veja:

> **o** livro de receitas ⟶ certo livro de receitas que Magali e sua mãe sabem qual é
>
> **um** livro de receitas ⟶ um livro de receitas qualquer

As palavras destacadas são **artigos**.

> **Artigo** é a palavra que colocamos antes do substantivo para determiná-lo ou indeterminá-lo.

Os artigos podem ser definidos ou indefinidos.

> **Artigos definidos** são palavras que determinam o substantivo de modo particular e preciso: **o, a, os, as**.
> **Artigos indefinidos** são palavras que determinam o substantivo de modo vago e impreciso: **um, uma, uns, umas**.

O artigo indica, ao mesmo tempo, o gênero (se a palavra está no masculino ou no feminino) e o número (se a palavra está no singular ou no plural) dos substantivos.
Observe:

> **a** manga (feminino / singular)   **o** melão (masculino / singular)
>
> **as** uvas (feminino / plural)   **os** morangos (masculino / plural)

ATIVIDADES

1 Responda às questões.

a) O que é artigo?

_____

b) Quais são os artigos definidos? _____

c) Quais são os artigos indefinidos? _____

2 Circule os artigos e classifique-os em definido ou indefinido.

a) A festa da escola foi muito bem organizada.

_____

b) Comprei uns cadernos na loja perto de minha casa.

_____

c) O cantor é afinado, mas só canta *rock*.

_____

d) Dei uma bala de mel para Silvana provar.

_____

e) As crianças ficaram contentes com os presentes.

_____

3 Sublinhe os artigos e classifique-os como no modelo.

> A amarelinha é uma brincadeira divertida.
>
> **a**: definido, feminino, singular   **uma**: indefinido, feminino, singular

a) Os participantes fazem o desenho como indicado ao lado.

_____

b) O jogador lança a pedra para a casa 1 e segue pulando, com um pé nas casas 2, 3, 6 e 7 e, com os dois pés, um em cada quadrado, nas casas 4/5 e 8/9.

_____

_____

ORTOGRAFIA

Mal ou mau?

Leia estas frases observando as palavras destacadas.

Os lixões produzem gases que fazem **mal** à saúde dos seres vivos.

Os lixões degradam a paisagem e produzem **mau** cheiro.

Empregamos **mal** quando pudermos opor a bem.
Empregamos **mau** quando pudermos opor a bom.

Mais ou mas?

Leia as frases, observando as palavras destacadas.

Juntamos cada vez **mais** lixo.

"Parece simples, **mas**... para onde o lixeiro leva o lixo?"

Empregamos **mais** para indicar quantidade, intensidade.
Empregamos **mas** para indicar ideia contrária. Pode ser substituído por **porém**.

ATIVIDADES

1 Complete as frases com **mau** ou **mal**.

a) Em muitos contos, o lobo é _____.

b) O paciente estava se sentindo muito _____ nesta manhã.

c) O aluno foi _____ na prova.

d) Ele sempre foi um homem _____.

2 Complete as frases com **mais** ou **mas**.

a) Gostaria de fazer um curso de violão, _____ ainda não tenho tempo livre.

b) Ela é a _____ alegre da nossa turma.

c) Quatro _____ cinco são nove.

d) Eu gosto de carne, _____ prefiro peixe.

3 Leia estes trechos do cordel e de uma regra de brincadeira. Complete com **mais** ou **mas**.

a)
As brincadeiras que a gente
Brinca desde criancinha
São inventadas, por isso
Em nossa casa ou vizinha
Tem sempre alguém que aprendeu
_____ uma brincadeirinha

Abdias Campos. Disponível em: https://www.cordelnaeducacao.com.br/produto/brincadeiras-populares. Acesso em: 22 ago. 2022.

b)
Tá quente, se tiver perto
Tá frio, se longe está
Tá morno, se _____ ou menos
Está perto do lugar
Onde escondeu-se o objeto
Que ganha quando encontrar

Abdias Campos. Disponível em: https://www.cordelnaeducacao.com.br/produto/brincadeiras-populares. Acesso em: 22. ago. 2022.

c)
As palavras céu e inferno podem ser escritas no começo e no final do desenho, que é marcado no chão com giz, tinta ou graveto. _____ as crianças também escrevem palavras como mundo, sol e lua nessas áreas, geralmente de descanso.

Disponível em: https://mapadobrincar.folha.com.br/brincadeiras/amarelinha/. Acesso em: 22. ago. 2022.

UM TEXTO PUXA OUTRO

Leia este poema de cordel. Depois, ilustre-o.

Brincadeiras populares

As brincadeiras que a gente
Brinca desde criancinha
São inventadas, por isso
Em nossa casa ou vizinha
Tem sempre alguém que aprendeu
Mais uma brincadeirinha

Pra brincar de **Amarelinha**
Faz um desenho no chão
Com quadrados ou retângulos
Risca com giz ou carvão
No topo faz forma oval
E põe a numeração

Começa a recreação
Já jogando uma pedrinha
Na casa número 01
Tem que ficar direitinha
Pula num pé só e sai
Brincando de amarelinha

O Telefone sem fio
Pra funcionar direito
Numa roda de pessoas
Quanto mais gente é perfeito
Pra ficar bem engraçado
Começa assim desse jeito:

Um, secretamente inventa
Uma frase ou uma história
Conta no ouvido do próximo
Que guarda em sua memória
Passando ao que está do lado
Nessa mesma trajetória

Chega à última pessoa
Que revela o que ouviu
O resultado engraçado
É desastroso, já viu!
Fica muito diferente
Da história que partiu

Brincar de **Barra-bandeira**

É divertido demais
Risca uma quadra ou quadrado
Em duas partes iguais
Cada uma com um time
Com sua bandeira atrás

Um grito é dado e começa
Cada time a procurar
Ir ao quadrado do outro
E sua bandeira pegar
Entra fazendo manobras
Pro outro não lhe agarrar

Ganha o ponto o que agarra
Ou o que pega a bandeira
E leva para o seu lado
Assim se faz na carreira
E o time que faz mais pontos
Ganha assim a brincadeira

O **Chicotinho-queimado**
Pra gente poder brincar
Alguém esconde um objeto
Para o outro procurar
E aquele que escondeu
Ao outro passa a guiar:

Tá quente, se tiver perto
Tá frio, se longe está
Tá morno, se mais ou menos
Está perto do lugar
Onde escondeu-se o objeto
Que ganha quando encontrar
[...]

Abdias Campos. Disponível em: https://www.cordelnaeducacao.com.br/produto/brincadeiras-populares. Acesso em: 22 ago. 2022.

1 Quais são as brincadeiras citadas no poema?

_____

_____

2 Escolha uma dessas brincadeiras e explique oralmente a um colega como se brinca.

EU GOSTO DE APRENDER MAIS

🗨️ Observe a pintura abaixo, chamada *Jogos infantis*, do pintor Pieter Brueghel. Essa pintura é atual ou antiga? Podemos dizer que muitas brincadeiras que conhecemos hoje existem há muito tempo? Por quê?

Jogos infantis (1560), de Pieter Brueghel. Óleo sobre prancha de madeira, 118 cm × 161 cm.

Pieter Brueghel nasceu na Bélgica, em 1525. Foi pintor, escultor, arquiteto e decorador de tapeçarias e vitrais.

Criou uma rica pintura narrativa, retratando costumes, cenas cotidianas de sua época e personagens do campo.

Costumava vestir-se de camponês a fim de se misturar em casamentos e outras celebrações para captar detalhes e obter inspiração para suas obras.

Fonte de pesquisa: InfoEscola. Disponível em: https://bit.ly/2u410c8. Acesso em: 22 ago. 2022.

1 O que você vê na pintura acima?

_____

_____

_____

2 Que brincadeiras você pode identificar?

_____

_____

_____

3 Quem está brincando?

_____

_____

_____

4 Identifique estas brincadeiras na pintura e circule-as.
   a) Na brincadeira cadeirinha, duas pessoas fazem uma cadeirinha com os braços para uma terceira pessoa sentar.
   b) Na brincadeira pula-sela, os participantes saltam uns sobre os outros, apoiando as mãos nas costas de outro participante que fica agachado.

5 Como as pessoas estão vestidas? Que cores predominam nas roupas?

_____

_____

_____

6 Em que lugar essas pessoas estão? Qual é a cor predominante?

_____

_____

_____

_____

PRODUÇÃO DE TEXTO

Agora, você vai escrever as regras de sua brincadeira ou de seu jogo preferido.

Planejamento e escrita

Que brincadeira ou jogo você vai escolher? Você sabe quais são as regras?

Se precisar, busque em livros, *sites* e caixas de jogos as informações necessárias para produzir o texto.

Lembre-se de que o texto que você vai escrever deverá incluir:

- título;
- apresentação de materiais, número de participantes, objetivo da brincadeira;
- regras com verbos imperativos, isto é, que indicam ordem;
- indicação dos passos a serem seguidos;
- organização do texto em forma de lista.

Escreva um rascunho do texto nas linhas a seguir.

_____
_____
_____
_____
_____
_____
_____
_____
_____
_____
_____

Revisão e reescrita

Depois de concluído o trabalho, troque seu texto com o de um colega. Leia o texto de seu colega e verifique:

- As regras foram divididas em partes? Quais?
- É possível entender as explicações apresentadas?
- O que você poderia sugerir ao colega para enriquecer o texto?

Receba o texto que foi avaliado pelo colega e reescreva-o em uma folha de papel, fazendo as alterações propostas na revisão. Se necessário, inclua imagens para ajudar na compreensão das regras.

Apresentação

No dia combinado com o professor, leia para os colegas as regras de sua brincadeira ou de seu jogo preferido.

Depois, escolham juntos uma brincadeira ou um jogo para realizar na escola.

Avaliação

Como foi escrever as regras das brincadeiras e dos jogos? E como foi colocá-las em prática? Converse sobre isso com os colegas e o professor.

AMPLIANDO O VOCABULÁRIO

desastroso

(de-sas-**tro**-so): catastrófico, fiasco, fracasso.

manobra

(ma-**no**-bra): movimentos, atitude engenhosa ao agir.

recreação

(re-cre-a-**ção**): brincar, divertir-se com jogos e brincadeiras.

trajetória

(tra-je-**tó**-ria): linha ou caminho percorrido por um objeto.

LEIA MAIS

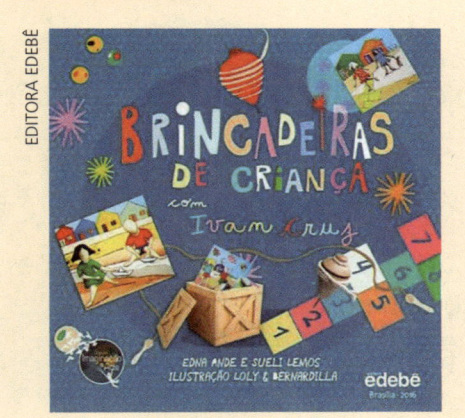

Brincadeiras de criança

Edna Ande e Sueli Lemos. Brasília: Edebê, 2016.

Esse livro apresenta várias brincadeiras que farão os leitores deixar o celular e o *video game* de lado para descobrir o que é brincar de verdade.

Doze brincadeiras indígenas e africanas: da etnia maraguá e de povos do Sudão do Sul

Rogério Andrade Barbosa e Yaguarê Yamã. São Paulo: Melhoramentos, 2022.

Um garoto indígena e uma menina sudanesa se juntam nesse livro para apresentar doze brincadeiras típicas de suas culturas.

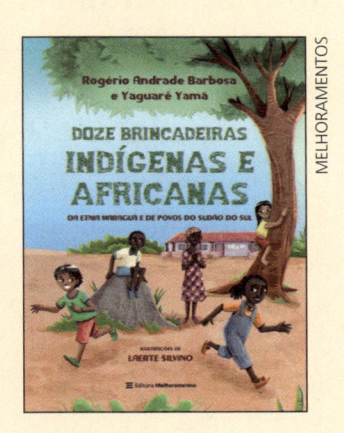

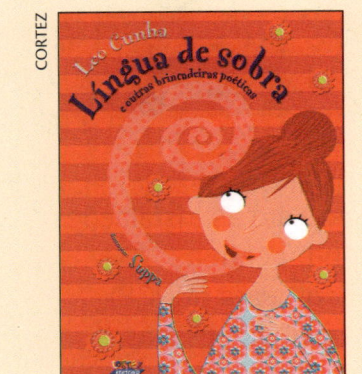

Língua de sobra e outras brincadeiras poéticas

Leo Cunha. São Paulo: Cortez, 2018.

Um livro cheio de versos para brincar e se divertir.

LIÇÃO 10 — COMBATA O PRECONCEITO

VAMOS COMEÇAR!

A notícia a seguir fala sobre uma campanha criada para incluir e combater o preconceito contra pessoas afetadas pelo Transtorno do Espectro Autista (TEA). Você imagina que preconceitos sejam esses e como eles podem ser combatidos?

Leia a notícia silenciosamente. Depois, acompanhe a leitura que será feita pelo professor.

Inclusão e combate ao preconceito são temas de caminhada no Dia Mundial do Autismo em Fortaleza

Evento foi realizado neste sábado, 2, data que marca o Dia Mundial de Conscientização Sobre o Autismo. Depois da passeata, os participantes se reuniram em uma roda de conversa no Calçadão da Praia de Iracema

21:36 | 3 abr. 2022 | Autor Luciano Cesário

No Dia Mundial de Conscientização Sobre o Autismo, lembrado nesse sábado, 2 de abril, uma caminhada foi realizada na avenida Beira-Mar, em Fortaleza, para marcar a importância da data e incentivar o combate ao preconceito e à discriminação contra pessoas afetadas pelo Transtorno do Espectro Autista (TEA). Organizada pela Comissão de Defesa dos Direitos das Pessoas com Deficiência da OAB-CE, a ação teve como tema "Lugar de Autista é em Todo lugar".

A caminhada partiu do Boteco Praia, no Meireles, e seguiu até as instalações do Programa Praia Acessível, na Praia de Iracema. O ato contou com a participação de autistas, seus familiares, Ministério Público do Ceará (MPCE) e de entidades da sociedade civil que lutam pela inclusão social de pessoas diagnosticadas com o Espectro. A mesma mobilização, de caráter nacional, também foi realizada em outras capitais pelo Brasil.

Após a conclusão do trajeto, os participantes se reuniram no calçadão da Praia de Iracema e promoveram uma roda de conversa para debater os avanços e desafios na busca pela inclusão social de pessoas com TEA. O primeiro a falar foi o estudante de turismo e palestrante, Eduardo Rodrigues, de 22 anos. Autista, ele reforçou que a condição não pode ser considerada uma barreira social para o convívio interpessoal e profissional.

"Não existe pessoa melhor para falar sobre o autismo do que um autista, ele é o verdadeiro protagonista. O mais importante é sempre acreditar que você é capaz de chegar aonde você quiser, porque todos nós temos sonhos, sejam pessoais ou profissionais, e eu tenho certeza que não é diferente com cada um de vocês que estão aqui hoje. E nesse processo de construir as relações, o apoio da família é fundamental, por isso agradeço muito à minha mãe e ao meu pai, especialmente", disse.

A advogada Gabrielle Bezerra, mãe de um adolescente autista, que também esteve no evento, destacou que a luta pela inclusão e o combate ao preconceito contra pessoas autistas deve envolver toda a sociedade, e não apenas aqueles que são diagnosticados com o Espectro ou seus familiares. "Estar nessa caminhada com meu filho é muito representativo, porque lutar contra o preconceito e a discriminação não é tarefa só de quem tem autismo, mas também de toda a sociedade", afirmou.

Ela ainda relatou que identificou os primeiros sinais de TEA no seu filho quando ele tinha 4 anos. Hoje, com 17, o adolescente leva uma vida como a de qualquer pessoa de sua idade, salvo algumas exceções, como dificuldades em se expor a multidões ou lugares muito tumultuados.

[...]

O presidente da Comissão de Defesa dos Direitos das Pessoas com Deficiência da OAB-CE, Emerson Damasceno, ressalta que a inclusão de pessoas autistas nos espaços sociais deixou de ser apenas uma luta, como era no começo deste século, e já se transformou em direito. No entanto, ele ressalta que ainda há desafios à vista.

"A ocupação dos espaços, tanto físicos quanto institucionais, por pessoas autistas, é, sobretudo, uma questão legal, que está na convenção internacional da ONU e na lei brasileira de inclusão. É uma questão fundamental de cidadania. A gente só democratiza a sociedade se a gente democratizar também as relações interpessoais, garantir aos autistas o lugar de fala que lhes é de direito", comentou.

O advogado ainda afirmou que a ideia de promover a caminhada em um local aberto, num dos pontos mais movimentados da Capital cearense, está diretamente ligada ao objetivo da mobilização. "A gente pensou num espaço que tivesse acessibilidade arquitetônica e urbanística razoável, que pudesse ser de boa convivência para as pessoas autistas e seus familiares. E o próprio objetivo da marcha tem a ver com isso, mostrar que o espaço público deve ser ocupado por todos, independentemente das condições de cada um", acrescentou.

[...]

Luciano Césario. Inclusão e combate ao preconceito são temas de caminhada no Dia Mundial do Autismo em Fortaleza. O Povo, 3 abr. 2022. Disponível em: https://www.opovo.com.br/noticias/fortaleza/2022/04/03/inclusao-e-combate-ao-preconceito-sao-temas-de-caminhada-no-dia-mundial-do-autismo-em-fortaleza.html. Acesso em: 22 jun. 2022.

ESTUDO DO TEXTO

1 Onde essa notícia foi publicada?

_____

_____

2 Que informações o título da notícia antecipa sobre ela?

_____

_____

_____

> No jornalismo, os títulos das notícias têm como objetivo atrair a atenção do leitor, antecipando informações para que ele saiba do que se trata.

3 Localize o nome do jornalista que escreveu a notícia lida e escreva-o.

_____

4 Em uma notícia, o primeiro parágrafo geralmente traz as informações mais importantes para o entendimento do leitor. Releia-o.

> No Dia Mundial de Conscientização Sobre o Autismo, lembrado nesse sábado, 2 de abril, uma caminhada foi realizada na avenida Beira-Mar, em Fortaleza, para marcar a importância da data e incentivar o combate ao preconceito e à discriminação contra pessoas afetadas pelo Transtorno do Espectro Autista (TEA). Organizada pela Comissão de Defesa dos Direitos das Pessoas com Deficiência da OAB-CE, a ação teve como tema "Lugar de Autista é em Todo lugar".

Nesse parágrafo, identifique as informações que respondem às perguntas a seguir.

a) O que aconteceu?

_____

_____

b) Quem organizou a caminhada?

_____

_____

c) Quando ela ocorreu?

_____

d) Onde ela ocorreu?

_____

_____

e) Por que ela ocorreu?

_____

_____

_____

_____

> O parágrafo que contém as informações mais importantes da notícia é chamado **lide**. O lide normalmente responde às questões: o que, quem, quando, como, onde e por quê.

5 O tema da caminhada sobre o qual fala a notícia é *Lugar de Autista é em Todo lugar*. Assinale, entre as alternativas abaixo, aquelas que indicam aplicações dessa ideia.

☐ Autistas tomaram frente da roda de conversa após a caminhada noticiada.

☐ Autistas precisam escolher lugares específicos para trabalhar.

☐ Autistas têm o direito de ocupar qualquer espaço físico que quiserem.

☐ Autistas podem estudar em qualquer escola, adentrar em universidades e seguirem a profissão que desejam.

6 Releia:

> Após a conclusão do trajeto, os participantes se reuniram no calçadão da Praia de Iracema e promoveram uma roda de conversa para debater os avanços e desafios na busca pela inclusão social de pessoas com TEA. O primeiro a falar foi o estudante de turismo e palestrante, Eduardo Rodrigues, de 22 anos. Autista, ele reforçou que a condição não pode ser considerada uma barreira social para o convívio interpessoal e profissional.

a) Quem é Eduardo Rodrigues?

_____

_____

b) Em sua opinião, a fala dele foi importante para a marcha?

_____

_____

7 Observe o seguinte depoimento presente na notícia:

> O presidente da Comissão de Defesa dos Direitos das Pessoas com Deficiência da OAB-CE, Emerson Damasceno, ressalta que a inclusão de pessoas autistas nos espaços sociais deixou de ser apenas uma luta, como era no começo deste século, e já se transformou em direito. No entanto, ele ressalta que ainda há desafios à vista.
> "A ocupação dos espaços, tanto físicos quanto institucionais, por pessoas autistas, é, sobretudo, uma questão legal, que está na convenção internacional da ONU e na lei brasileira de inclusão. É uma questão fundamental de cidadania. A gente só democratiza a sociedade se a gente democratizar também as relações interpessoais, garantir aos autistas o lugar de fala que lhes é de direito", comentou.

a) Em sua opinião, por que Emerson Damasceno foi ouvido pelo jornalista?

_____

_____

_____

b) Em sua fala, ele afirma que a ocupação dos espaços por pessoas autistas é uma questão legal. Onde poderíamos confirmar essa informação segundo ele?

_____

_____

c) Você sabe o que é cidadania? Faça uma pesquisa e compartilhe com seus colegas o que você encontrou.

d) Procure no dicionário o significado da palavra **democratizar** e registre o significado que foi utilizado na fala de Emerson Damasceno.

_____

_____

_____

> Nas notícias, os depoimentos têm a função de confirmar as informações dadas pelo jornalista ou acrescentar outras.

8 Ao ler uma notícia, é importante sabermos diferenciar o que é um fato e o que é uma opinião.

> **Fato** é a ação ocorrida ou em processo de realização, o acontecimento; **opinião** é a forma pessoal de pensar, a maneira particular de olhar um fato.

Releia alguns trechos de notícias que você já leu neste livro. Escreva **1** para fato e **2** para opinião.

☐ "Na segunda-feira (18), Dia Nacional do Livro Infantil, as escolas municipais de Garanhuns receberam mais de 5 mil livros voltados para educação financeira das crianças."

☐ "Após a conclusão do trajeto, os participantes se reuniram no calçadão da Praia de Iracema e promoveram uma roda de conversa para debater os avanços e desafios na busca pela inclusão social de pessoas com TEA."

☐ "Este material que hoje recebemos em nossa escola é riquíssimo, nos dará suporte para tratarmos sobre a educação financeira com algo que de fato é adequado para as crianças"

☐ "O mais importante é sempre acreditar que você é capaz de chegar aonde você quiser, porque todos nós temos sonhos, sejam pessoais ou profissionais, e eu tenho certeza que não é diferente com cada um de vocês que estão aqui hoje."

9 Leia o trecho a seguir.

> A advogada Gabrielle Bezerra, mãe de um adolescente autista, que também esteve no evento, destacou que a luta pela inclusão e o combate ao preconceito contra pessoas autistas deve envolver toda a sociedade, e não apenas aqueles que são diagnosticados com o Espectro ou seus familiares.

a) Qual é o nome da advogada?

___

b) Além da profissão dela, que outra informação o texto apresenta?

___

c) Se a informação "mãe de um adolescente autista" fosse retirada e não aparecesse em nenhum outro lugar do texto, seria possível saber a relação dessa advogada com a marcha? Explique.

___

A expressão **mãe de um adolescente autista**, que aparece entre vírgulas no trecho destacado, é chamada **aposto**.

O aposto é um termo que fornece informações para explicar ou esclarecer outro termo mencionado. Na maioria das vezes, o aposto aparece entre vírgulas, mas pode vir também acompanhado de dois-pontos, parênteses e travessão. Veja:

- Paula, **irmã de Beth**, fará o bolo de aniversário.
- Vou me divertir na festa: **doces, bolo, brincadeiras e muita alegria**.
- O aniversário do Joca **(evento mais esperado do ano)** foi muito bom!
- O brigadeiro – **doce preferido dos convidados** – não sobrou na mesa.

Todos os termos (palavras e expressões) destacados em negrito nas frases acima são **apostos**.

UM TEXTO PUXA OUTRO

Leia a seguir um cartaz de divulgação do cordão de girassol, um acessório que simboliza deficiência oculta.

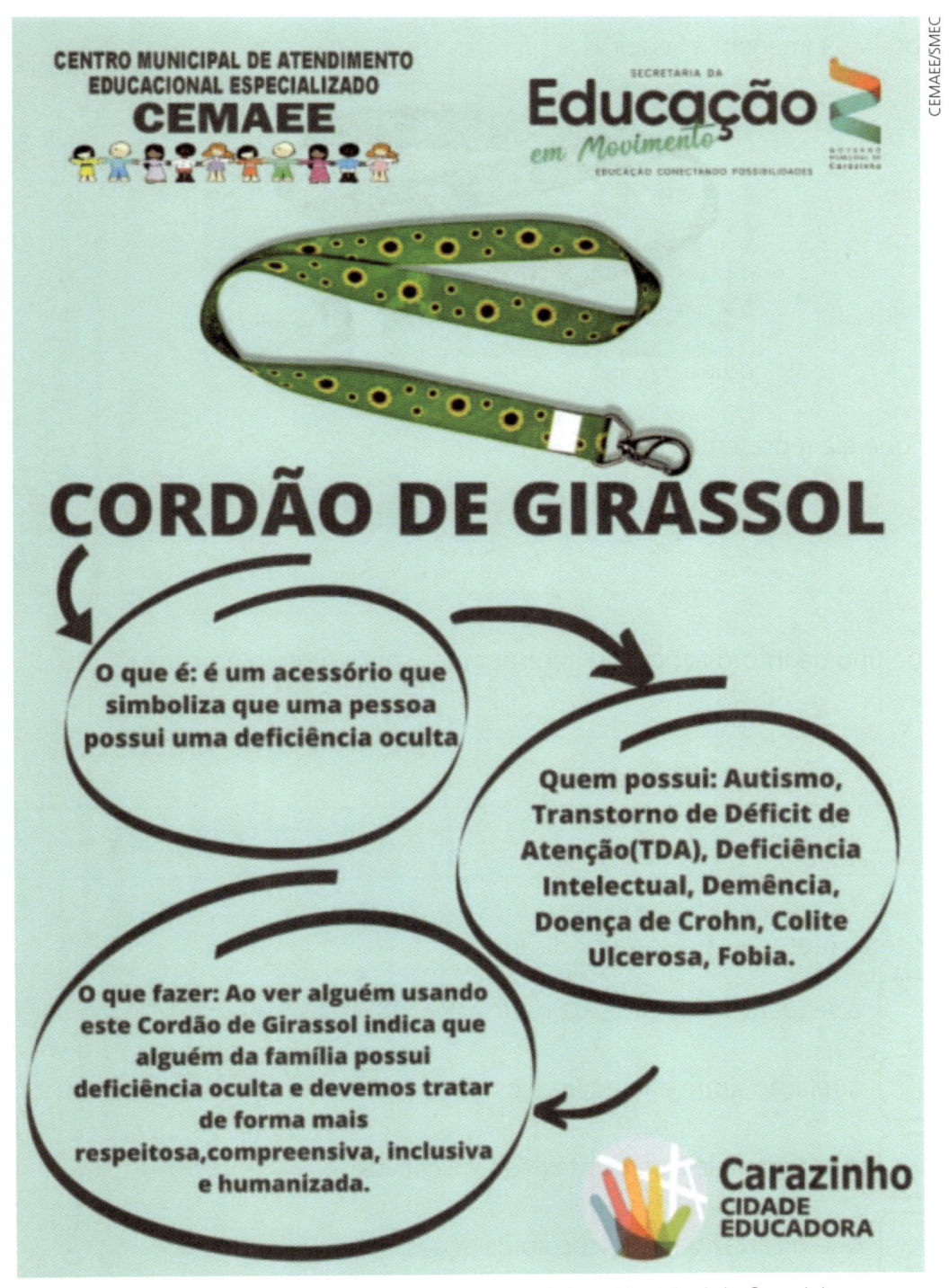

CENTRO MUNICIPAL DE ATENDIMENTO EDUCACIONAL ESPECIALIZADO
CEMAEE

SECRETARIA DA
Educação
em Movimento
EDUCAÇÃO CONECTANDO POSSIBILIDADES

CEMAEE/SMEC

CORDÃO DE GIRASSOL

O que é: é um acessório que simboliza que uma pessoa possui uma deficiência oculta

Quem possui: Autismo, Transtorno de Déficit de Atenção(TDA), Deficiência Intelectual, Demência, Doença de Crohn, Colite Ulcerosa, Fobia.

O que fazer: Ao ver alguém usando este Cordão de Girassol indica que alguém da família possui deficiência oculta e devemos tratar de forma mais respeitosa, compreensiva, inclusiva e humanizada.

Carazinho
CIDADE EDUCADORA

Cartaz sobre o Cordão de Girassol veiculado pela Prefeitura Municipal de Carazinho, Rio Grande do Sul.

1 Qual é o título do cartaz? O que ele indica sobre o tema?

_____
_____

2 Observe a imagem a seguir:

Detalhe do cartaz.

O que ela representa?

_____
_____

3 Que tipo de informações são apresentadas sobre o título no cartaz?

_____
_____
_____

4 As setas presentes no cartaz indicam:

☐ a sequência dos fatos da notícia.

☐ a relação entre a imagem e os pequenos textos explicativos.

☐ a ordem de leitura dos textos explicativos.

☐ que o cartaz traz um círculo de ações.

5 Observe as informações presentes na parte superior do cartaz:

CENTRO MUNICIPAL DE ATENDIMENTO EDUCACIONAL ESPECIALIZADO CEMAEE

SECRETARIA DA Educação em Movimento
EDUCAÇÃO CONECTANDO POSSIBILIDADES

CEMAEE/SMEC

a) O que elas indicam?

_____

_____

_____

b) Em sua opinião, é importante que instituições desse tipo se envolvam com divulgações de temas como o desse cartaz?

_____

_____

_____

6 Segundo o cartaz, como devem ser tratadas as pessoas que usam esse cordão?

_____

_____

_____

7 De que forma esse cartaz se relaciona com a notícia lida no início da lição?

_____

_____

_____

_____

EU GOSTO DE APRENDER MAIS

No texto da seção "Vamos começar!" aparecem algumas siglas. Veja:

No Dia Mundial de Conscientização Sobre o Autismo, lembrado nesse sábado, 2 de abril, uma caminhada foi realizada na avenida Beira-Mar, em Fortaleza, para marcar a importância da data e incentivar o combate ao preconceito e à discriminação contra pessoas afetadas pelo Transtorno do Espectro Autista (**TEA**).

O ato contou com a participação de autistas, seus familiares, Ministério Público do Ceará (**MPCE**) e de entidades da sociedade civil que lutam pela inclusão social de pessoas diagnosticadas com o Espectro.

"A ocupação dos espaços, tanto físicos quanto institucionais, por pessoas autistas, é, sobretudo, uma questão legal, que está na convenção internacional da **ONU** e na lei brasileira de inclusão. É uma questão fundamental de cidadania [...]"

Sigla é a escrita abreviada de um grupo de palavras que permite formar, de modo geral, novas palavras. Observe que as siglas podem ser formadas pelas letras, sílabas ou partes iniciais de duas ou mais palavras.

TEA – Transtorno do Espectro Autista
MPCE – Ministério Público do Ceará
ONU – Organização das Nações Unidas

- Pesquise e complete os quadros abaixo com a sigla de todos os estados brasileiros e do Distrito Federal.

estado	sigla	estado	sigla	estado	sigla
Acre		Maranhão		Rio de Janeiro	
Alagoas		Mato Grosso		Rio Grande do Norte	
Amapá		Mato Grosso do Sul		Rio Grande do Sul	
Amazonas		Minas Gerais		Rondônia	
Bahia		Pará		Roraima	
Ceará		Paraíba		Santa Catarina	
Distrito Federal		Paraná		São Paulo	
Espírito Santo		Pernambuco		Sergipe	
Goiás		Piauí		Tocantins	

ESTUDO DA LÍNGUA

Numerais

> **Numerais** são palavras que indicam a quantidade de seres, sua ordenação ou proporção.

Os numerais podem ser classificados em:

- **cardinais**: quando indicam quantidade. Exemplo: Ela identificou os primeiros sinais de TEA no filho quando ele tinha **quatro** anos.
- **ordinais**: quando indicam a posição em uma determinada sequência. Exemplo: Eduardo Rodrigues foi o **primeiro** a falar na roda de conversa.
- **multiplicativos**: quando indicam o número de vezes pelo qual uma quantidade é multiplicada. Exemplo: Havia o **dobro** de pessoas na marcha deste ano.
- **fracionários**: quando indicam o número de vezes pelo qual uma quantidade é dividida. Exemplo: Mais da **metade** das pessoas ficaram para a roda de conversa ao final.

Veja, no quadro, uma lista de numerais. Consulte-a sempre que necessário.

Numerais			
Cardinais	**Ordinais**	**Multiplicativos**	**Fracionários**
um	primeiro	–	–
dois	segundo	dobro/duplo	meio/metade
três	terceiro	triplo	terço
quatro	quarto	quádruplo	quarto
cinco	quinto	quíntuplo	quinto
seis	sexto	sêxtuplo	sexto
sete	sétimo	séptuplo	sétimo
oito	oitavo	óctuplo	oitavo
nove	nono	nônuplo	nono
dez	décimo	décuplo	décimo

Cardinais	Ordinais	Multiplicativos	Fracionários
onze	décimo primeiro	–	onze avos
vinte	vigésimo	–	vinte avos
trinta	trigésimo	–	trinta avos
quarenta	quadragésimo	–	quarenta avos
cinquenta	quinquagésimo	–	cinquenta avos
sessenta	sexagésimo	–	sessenta avos
setenta	septuagésimo	–	setenta avos
oitenta	octogésimo	–	oitenta avos
noventa	nonagésimo	–	noventa avos
cem	centésimo	cêntuplo	centésimo
mil	milésimo	–	milésimo

ATIVIDADES

1 Numere a segunda coluna de acordo com a primeira.

1. multiplicativo
2. fracionário
3. cardinal
4. ordinal

( ) Comi um **terço** do bolo.

( ) São **dez** horas.

( ) Mário conseguiu o **primeiro** lugar.

( ) Mamãe fez o **dobro** dos pastéis.

2 Escreva os numerais multiplicativos de:

dois _____

três _____

quatro _____

cinco _____

seis _____

sete _____

3 Classifique os numerais abaixo.

dez _____

metade _____

nono _____

terço _____

dezessete _____

triplo _____

trinta _____

dobro _____

4 Escreva, por extenso, os ordinais que correspondem a estes cardinais.

dois – _____

dez – _____

quatorze – _____

vinte e oito – _____

trinta e seis – _____

quarenta e três – _____

vinte e nove – _____

ORTOGRAFIA

Uso de g e j

1 Leia novamente este trecho da notícia.

> "O mais importante é sempre acreditar que você é capaz de chegar aonde você quiser, porque todos nós temos sonhos, sejam pessoais ou profissionais, e eu tenho certeza que não é diferente com cada um de vocês que estão aqui hoje.[...]"
>
> "A gente só democratiza a sociedade se a gente democratizar também as relações interpessoais, garantir aos autistas o lugar de fala que lhes é de direito [...]"

a) Copie uma palavra escrita com a letra **j**.

_____

b) Agora, copie uma palavra escrita com **g**, mas que apresenta o mesmo som de **j** na palavra que você escreveu no item **a**.

_____

c) Na palavra **lugar**, a letra **g** apresenta o mesmo som que na palavra que você apontou no item **b**?

_____

_____

> Se a palavra **gente** fosse apenas ouvida, não daria para perceber que deve ser escrita com **g**. Isso acontece porque a letra **g** é pronunciada com o mesmo som de **j** quando seguida de **e** e **i**.
>
> Além de saber que a letra **g** é pronunciada com o mesmo som de **j**, quando seguida de **e** e **i**, saiba também que:
> - Usamos a letra **g** para escrever os substantivos terminados em **-agem**, **-igem** e **-ugem** (viagem, vertigem, pelugem).
> - Usamos a letra **j** em palavras que derivam de outras com a mesma letra, como lojista, lojinha (derivadas de loja) e ajeitar, jeitoso (derivadas de jeito).

2 Leia a seguir um trecho do poema escrito por Henrique Douglas Oliveira, estudante de 12 anos, que recebeu o prêmio de vencedor da terceira edição da Olimpíada de Língua Portuguesa, promovida pelo Ministério da Educação.

> "Ô de casa?!
>
> [...]
> Sítio Gerimum
> Este é o meu lugar,
> Pedaço de chão resistente
> Como o povo que aqui está,
> Que semeia coragem
> E faz a esperança brotar.
>
> Meu Gerimum é com "G"
> Você pode ter estranhado,
> Gerimum em abundância
> Aqui era plantado,
> E com a letra "G"
> Meu lugar foi registrado.
> [...]
>
> Henrique Douglas Oliveira. Disponível em: http://www.tribunadonorte.com.br/noticia/estudantes-comemoram-premia-cao/238761. Acesso em: 22 ago. 2022.

a) Você gosta do modo como o jovem poeta fala do lugar onde vive? Por quê?

_____
_____
_____

b) No poema, a palavra **Gerimum** indica o nome do sítio e também o nome de um legume que era plantado nesse sítio. Você sabe que legume é esse?

_____

c) Em sua opinião, a letra inicial da palavra **Gerimum** é mesmo **g** ou é a letra **j**?

_____

d) Agora, localize a palavra no dicionário. Como o termo **Gerimum** está grafado no dicionário? Você acha que o poeta conhecia a forma como o dicionário traz escrita essa palavra? Explique.

_____

_____

> Se o poema fosse apenas ouvido, não daria para perceber que a grafia da palavra **Gerimum**, no texto, não corresponde ao que o dicionário registra.

3 Encontre no diagrama cinco palavras escritas com **g** e cinco escritas com **j**.

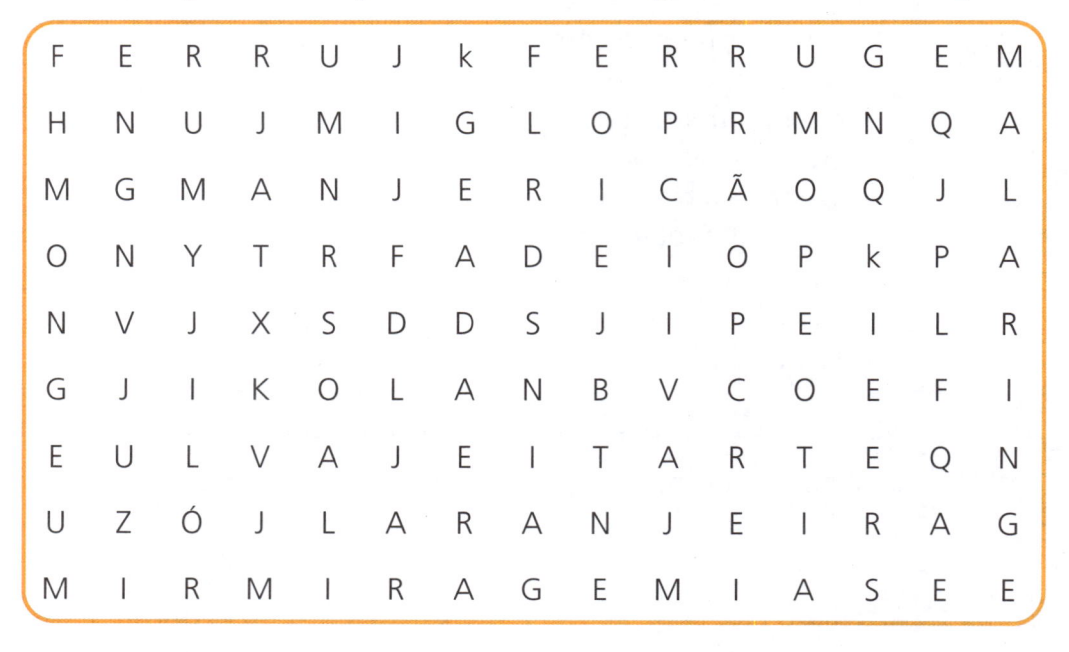

F	E	R	R	U	J	k	F	E	R	R	U	G	E	M
H	N	U	J	M	I	G	L	O	P	R	M	N	Q	A
M	G	M	A	N	J	E	R	I	C	Ã	O	Q	J	L
O	N	Y	T	R	F	A	D	E	I	O	P	k	P	A
N	V	J	X	S	D	D	S	J	I	P	E	I	L	R
G	J	I	K	O	L	A	N	B	V	C	O	E	F	I
E	U	L	V	A	J	E	I	T	A	R	T	E	Q	N
U	Z	Ó	J	L	A	R	A	N	J	E	I	R	A	G
M	I	R	M	I	R	A	G	E	M	I	A	S	E	E

4 Copie as palavras que você encontrou no diagrama.

_____

_____

_____

5 Pesquise em jornais, revistas, livros, internet etc. palavras escritas com a letra **g**, seguida de **e** e **i**, e palavras escritas com **j**. Traga as palavras pesquisadas para a sala de aula e, com os colegas e o professor, formem uma lista para compor um cartaz, que poderá ser consultado por todos quando necessário.

PRODUÇÃO DE TEXTO

Preparação

Nesta lição, você pôde perceber como as notícias são escritas e como normalmente as partes desse texto estão organizadas.

- A **manchete** ou **título principal** costuma ser escrita com frases pequenas, que chamam a atenção do leitor. O título revela o assunto principal que será tratado na notícia.
- O **subtítulo** ou **linha fina** acrescenta algumas informações que complementam o título.
- O **lide** resume os fatos geralmente no primeiro parágrafo e, às vezes, até no segundo. Nessa parte, precisamos encontrar informações que respondem às perguntas: Onde aconteceu o fato? Com quem? O que aconteceu? Quando? Como? Por quê? Qual foi o assunto?
- No **corpo da notícia** o jornalista dá detalhes de como tudo ocorreu, por meio de novas informações ou depoimentos. Muitas vezes, o fato noticiado vem acompanhado por uma foto e legenda.

Agora, o jornalista será você e seus colegas!

O professor vai organizar a turma em grupos e sortear diferentes assuntos para que cada grupo produza uma notícia sobre o tema pelo qual ficará responsável. Reúna-se com seu grupo para enfrentar esse novo desafio.

Após saberem com qual tema o grupo vai trabalhar, pesquisem em jornais, revistas, na internet etc. notícias que abordem assunto semelhante ou conversem com pessoas que já tenham passado por situação parecida e tragam material para a discussão em sala.

Planejamento e escrita

Discutam sobre o assunto e anotem as ideias do grupo.

Primeiramente, criem o lide. Lembrem-se de que no lide está o resumo das informações mais importantes da notícia, aquelas que podem ser respondidas pelas perguntas: O que foi? Quem participou? Como foi? Por quê? Quando? Onde? Porém, nem sempre é possível incluir todas essas informações nesse espaço. Nesse caso, coloquem aquelas que respondem às questões que não podem faltar na notícia.

Em seguida, criem um título principal (manchete) que atraia a atenção do leitor. Pensem: o que mais interessaria ao leitor desse fato?

Não se esqueçam de que a linha fina é um complemento do título principal, apenas com o acréscimo de algumas informações para torná-lo ainda mais atraente ao leitor.

Depois de organizadas as partes citadas, escrevam o corpo da notícia acrescentando novas informações que detalhem aquelas mencionadas no lide. Se quiserem acrescentar depoimentos, não se esqueçam de colocá-los entre aspas. Vocês podem usar também apostos para explicar ou esclarecer termos que já tenham mencionado.

Revisão e reescrita

Releiam todos os parágrafos atentamente. Então, pensem: o que está faltando nessa notícia? Observem se:

- o lide foi construído com os dados mais importantes;
- o título convida o leitor a continuar lendo o texto;
- a linha fina está atraente e a informação que ela divulga não está repetida no desenvolvimento da notícia;
- a ortografia e a pontuação foram corretamente aplicadas;
- os apostos foram colocados entre vírgulas ou acompanhados de dois-pontos, travessões ou parênteses;
- os numerais foram empregados adequadamente;
- a notícia foi escrita em linguagem formal;
- os depoimentos foram colocados entre aspas.

Se houver necessidade, reformulem os parágrafos e façam correções de modo que o texto fique bem escrito. Pensem na hipótese de esse texto ser publicado em um jornal ou revista de grande circulação e coloquem-se no lugar dos leitores.

Solicite ao professor que avalie se o grupo conseguiu escrever a notícia de forma correta, com todas as partes, com clareza e correção e se há necessidade de alterar ou corrigir algum item.

Façam a edição final do texto e, se for possível, ilustrem-no com imagens recortadas de jornais ou revistas que estejam de acordo com o assunto.

Simulação de um noticiário de televisão

Agora que os grupos já redigiram as notícias, elas devem ser apresentadas para toda a turma como em um noticiário de televisão. Siga as orientações:

- Cada grupo deverá organizar a apresentação, dividindo as tarefas de modo que haja entrosamento na equipe. Façam um ensaio antes.
- Se acharem interessante, o grupo pode fazer uma dramatização durante a apresentação, utilizando nomes fictícios como se fossem apresentadores de telejornal. Dessa forma, a atividade, além de descontraída, chamará a atenção da turma.
- À frente da sala, o grupo irá apresentar a notícia, podendo haver uma divisão das partes entre os participantes, de modo que cada um apresente um trecho do texto.
- Não se esqueçam de que o jornal falado não é meramente uma leitura, e sim uma exposição oral, que deve prender a atenção da plateia. Assim, prestem atenção à linguagem que deve ser mais formal, ao tom de voz, às pausas, à pronúncia das palavras, à postura diante do público etc. Daí a importância de treinarem bastante antes.
- No momento de apresentação dos grupos, escutem com atenção as notícias criadas pelos colegas, respeitem o tempo de cada um falar e, depois da apresentação, vocês podem fazer perguntas ao grupo relativas à notícia apresentada.

Boa apresentação!

Avaliação

Depois da apresentação, cada grupo deverá se avaliar de acordo com as seguintes reflexões:

- A apresentação trouxe informações de forma clara e criativa?
- A apresentação prendeu a atenção da turma ou gerou cansaço e desinteresse?
- O grupo agiu com sintonia, parecendo conhecer bem o texto escrito?
- Que sugestões são pertinentes para que, em um próximo trabalho, o grupo aperfeiçoe a apresentação?

AMPLIANDO O VOCABULÁRIO

diagnosticado

(di-ag-nos-ti-**ca**-do): qualificado por um médico ou especialista da área.

discriminação

(dis-cri-mi-na-**ção**): não aceitar uma pessoa ou grupo por causa de sua cor, sexo, idade, religião etc.

espectro

(es-**pec**-tro): conjunto de elementos ou fatores.

instalação

(ins-ta-la-**ção**): local planejado para ser ocupado para uma certa finalidade.

interpessoal

(in-ter-pes-so-**al**): entre duas ou mais pessoas.

passeata

(pas-se-**a**-ta): protesto, manifestação ou reinvidicação de solidariedade que se faz com várias pessoas em caminhada.

FREEPIK

preconceito

(pre-con-**cei**-to): opinião ou conceito formulado antes de se ter conhecimento necessário sobre determinado assunto.

protagonista

(pro-ta-go-**nis**-ta): participante ativo.

LEIA MAIS

Guia para leigos sobre o Transtorno do Espectro Autista (TEA)

Disponível em: https://autismoerealidade.org.br/convivendo-com-o-tea/cartilhas/cartilha-guia-para-leigos-sobre-o-transtorno-do-espectro-autista-tea. Acesso em: 22 ago. 2022.

A cartilha, escrita por especialistas, reúne uma coletânea de textos do blog Autismo e Realidade. Traz orientações para interessados em se informar sobre o autismo.

A menina que pensava por meio de imagens

Julia Finley Mosca. São Paulo: nVersinhos, 2021.

O livro conta a história da cientista Temple Grandin, diagnosticada com autismo ainda jovem, se tornou uma grande cientista.

Uma mente diferente

Natasha Meschiatti. Rio de Janeiro: Tudo Editora, 2022.

Essa é a história de um menino, alegre e amoroso, que tem dificuldade de se comunicar e manter sua mente calma.

LIÇÃO 11 — QUAL É SUA OPINIÃO?

VAMOS COMEÇAR!

O texto que você vai ler a seguir foi extraído do *site* de um jornal. Trata-se de um **artigo de opinião**. Jornais e revistas não vivem só de notícias; eles também têm opinião!

Em um mundo em que os teclados de computadores são cada vez mais comuns, há quem pense que a letra cursiva está com os dias contados. No entanto, há educadores que contestam o abandono da letra cursiva em um processo tão importante como a alfabetização.

Vale a pena refletir sobre isso, lendo e estudando o texto a seguir.

O uso da letra cursiva está com os dias contados?

Por Andréa Fanton

[...]

Ao longo da história da humanidade, a escrita das letras passou por mudanças consideráveis, desde a adoção das letras góticas nos anos 500 d.C. (uso da pena), permeando pela escrita escolar e caligráfica, até chegar à escrita contemporânea (escrita mais livre e com diversidade de materiais, como lápis, canetas esferográficas e papel), sem falar que, por muito tempo, uma boa caligrafia já foi associada a um alto nível de instrução.

[...]

Atualmente, porém, o valor da escrita à mão tem sido debatido nos círculos acadêmicos. Mais precisamente neste século 21, a discussão sobre o uso da letra cursiva tem reverberado de forma considerável no cenário educacional mundial.

Em 2015, países como a Finlândia e alguns estados americanos já se pronunciavam a respeito da possível exclusão desse "conteúdo" devido à expansão das ferramentas digitais presentes dentro das salas de aula, apontando o ensino da "letra de mão" como algo obsoleto para os tempos atuais.

Com a pandemia e a implantação do ensino remoto, o debate veio à tona novamente, reduzindo-se a caligrafia a um ato mecânico, que precisaria ceder espaço para o aprendizado de outras competências, como a navegação por meio de recursos digitais.

Alguns especialistas entendem que o ensinamento da letra cursiva pode ser ineficiente e segregador, e apresentam o fato de que muitas crianças com excelente aproveitamento acadêmico foram rotuladas por não apresentarem uma letra cursiva legível ou "bonita".

Outros profissionais afirmam que a caligrafia em letra cursiva é uma habilidade não mais essencial, já que, nos dias atuais, com a existência das teclas, a escrita com lápis, caneta e papel tornou-se anacrônica.

Diante das discussões acaloradas sobre o uso da letra cursiva, estudos e especialistas dividem opiniões, mas uma significativa parcela advoga em favor da continuidade do ensino da letra cursiva e do traçado das letras, apontando habilidades e benefícios especiais para as crianças.

Segundo os estudos da professora de Psicologia Educacional, da Universidade de Washington, Virginia Beringer, escrever à mão, formando letras, envolve a mente e isso pode ajudar as crianças a prestarem atenção à linguagem escrita. Ela também argumenta que "a caligrafia e a sequência dos traços envolvem a parte pensante do cérebro".

Berninger ainda registra que os estudos realizados com a caligrafia têm por objetivo defender a formação de crianças que sejam escritoras híbridas, ou seja, utilizando primeiramente a letra de forma para a leitura, auxiliando o reconhecimento das letras na educação infantil, depois com o uso da letra cursiva para a escrita e composição dos textos e, apenas ao final das séries iniciais do ensino fundamental, a digitação. [...]

André Fanton. O uso da letra cursiva está com os dias contados? *Diário Campineiro*, 30 jan. 2022. Disponível em: https://diariocampineiro.com.br/o-uso-da-letra-cursiva-esta-com-os-dias-contados/. Acesso em 22 ago. 2022.

ESTUDO DO TEXTO

1 Qual questão polêmica provoca a discussão no texto?

2 Qual é o fato gerador da questão polêmica?

3 De que forma a imagem que acompanha o texto ilustra essa questão polêmica?

_____
_____

4 Desde 2015, a Finlândia e alguns estados americanos já discutiam essa questão. Por que o debate veio à tona em 2022?

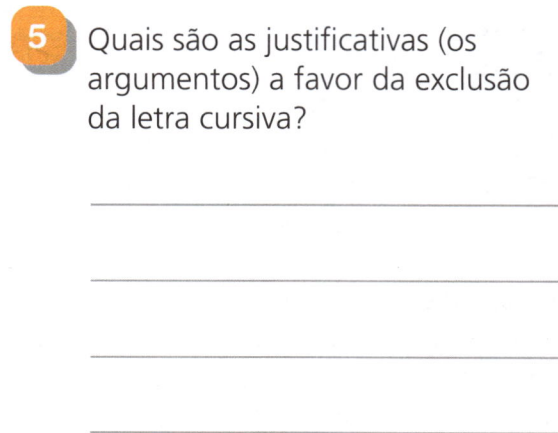

_____
_____

5 Quais são as justificativas (os argumentos) a favor da exclusão da letra cursiva?

_____
_____
_____
_____
_____

Sala de aula em escola de Piraí, no Rio de Janeiro.

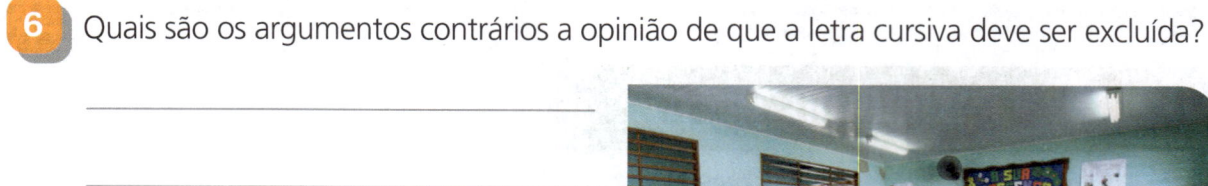

6 Quais são os argumentos contrários a opinião de que a letra cursiva deve ser excluída?

_____
_____
_____
_____
_____

Sala de aula em escola de Paragominas, no Pará.

O texto argumentativo é constituído por:
- **Fato**: um acontecimento real, narrado tal qual ocorreu.
- **Ponto de vista**: a perspectiva, o modo pessoal de ver um fato, um assunto. Um mesmo fato pode ser entendido de diferentes pontos de vista, que dão origem a diferentes opiniões.
- **Opinião**: expressão pessoal do que se pensa a respeito de um fato, que pede, necessariamente, uma posição.
- **Argumentos**: justificativas que esclarecem o ponto de vista assumido e fundamentam a opinião. São evidências, provas, dados e outros elementos que sustentam a ideia defendida.

7 Os trechos a seguir fazem parte de outro texto, em que especialistas também discutem o abandono crescente da letra cursiva nas escolas americanas. Leia-os.

Trecho 1

"Não há necessidade de se eliminar a letra cursiva em razão do aumento do uso da letra de forma. As duas devem conviver. A letra de forma é o suporte da comunicação digital, mas em várias situações aparecerá a letra cursiva e todos devem ter a oportunidade de conhecê-la e usá-la."

Trecho 2

"Deixar de escrever usando a letra de mão é prejudicial às crianças."

Trecho 3

"A exigência e o ensino da letra cursiva perdem força na maior parte dos estados e dão lugar à letra de forma e à digitação. Com o crescente contato com novas tecnologias, como celulares, computadores e *tablets*, essa tendência de abandono da letra cursiva e a adoção maior da letra de forma (que também é chamada de letra bastão ou de máquina) tornam-se cada vez mais fortes."

Trecho 4

"Mesmo com a diminuição do uso da escrita, as habilidades manuais continuam sendo exercitadas. Outras coisas dependem hoje de manejo tanto quanto escrever a caneta ou lápis. Jogar *videogame* e escrever em computadores e *tablets* exige habilidade motora para segurar e tocar a tela".

Adriana Czelusniak. A letra cursiva está com os dias contados? *Gazeta do Povo*, Londrina/PR. Disponível em: https://bit.ly/2KWoG92. Acesso em: 22 ago. 2022.

Agora, responda: qual dos trechos que você leu corresponde:

a) ao fato? _____

b) à questão polêmica? _____

c) ao argumento favorável? _____

d) ao argumento contrário? _____

8 Identifique, nos trechos a seguir, os argumentos que serviriam para defender os diferentes pontos de vista: a favor ou contra o abandono do ensino da letra cursiva.

a) Trecho 1

> [...] nas últimas décadas, redigir à mão tem perdido espaço para o uso das teclas. A cursiva, por dar maior velocidade à escrita, era fundamental para compor textos mais longos. Como caneta e papel hoje em dia são úteis para fazer no máximo bilhetes ou pequenas anotações, o uso dessa letra está se tornando obsoleto.

_____

_____

b) Trecho 2

> Um estudo recente realizado pela professora de Psicologia Educacional Virginia Berninger, da Universidade de Washington, comparou a atividade cerebral de crianças em três momentos: quando digitavam um texto no computador, quando escreviam em letra bastão e quando utilizavam a cursiva. O resultado é que, entre todas as modalidades, esta última foi a que mais gerou conexões entre diferentes áreas do cérebro.

_____

_____

c) Trecho 3

> "O fato de ter que 'ligar as letras' na escrita cursiva envolve habilidades motoras, espaciais, rítmicas e cognitivas que não ocorrem na escrita digital. Além disso, a criança 'desenha' o seu traço pessoal, se expressa pela comunicação e constrói identidade".

_____

_____

Maria Alexandra Militão Rodrigues. A morte da escrita cursiva? *Campo Grande News*, Campo Grande/MS. Disponível em: https://bit.ly/2uevesl. Acesso em: 22 ago. 2022.

9 Agora é sua vez de opinar sobre a importância ou não da letra cursiva. Crie um argumento que sustente sua opinião.

_____
_____
_____
_____

10 Leia, a seguir, dois trechos extraídos de textos de gêneros diferentes: o primeiro, de uma narrativa popular, e o segundo, de um artigo de opinião. Observe a linguagem empregada em cada um deles e escreva sobre as diferenças de linguagem.

a) Trecho 1

Ia haver uma festa no céu e o amigo urubu convidou todos os bichos. Dona juriti, que era cantora afamada, foi convocada para animar a festa. Nesse tempo, o sapo andava em pé, e era muito farrista. Encontrou-se com a juriti, que estava polindo a garganta. Logo que viu o sapo, ela começou a zombar dele:

— É, amigo sapo, você não pode ir à festa do amigo urubu no céu, pois não tem asas! E vai ser uma festança danada! Mas é só para os bichos que voam.

Domínio público.

b) Trecho 2

Outros, ainda, afirmam não haver necessidade de se eliminar a letra cursiva em razão do aumento do uso da letra de forma. As duas devem conviver. A letra de forma é o suporte da comunicação digital, mas em várias situações aparecerá a letra cursiva e todos devem ter a oportunidade de conhecê-la e usá-la.

Adriana Czelusniak. A letra cursiva está com os dias contados? *Gazeta do Povo*, Londrina/PR. Disponível em: https://bit.ly/2KWoG92. Acesso em: 22 ago. 2022.

_____
_____
_____
_____

ESTUDO DA LÍNGUA

Pronomes pessoais

Releia as frases a seguir, observando os destaques.

> A letra de forma é o suporte da comunicação digital, mas em várias situações aparecerá a letra cursiva e todos devem ter a oportunidade de conhecê-**la** e usá-**la**.

> Os árabes, que não têm letras de forma em sua escrita, apreciam muito a arte da caligrafia. Como as mesquitas não podem ter imagens, **eles** utilizam as letras de mão como decoração.

Os termos em destaque na primeira frase (**-la**) referem-se à letra cursiva. O termo em destaque na segunda frase (**eles**) refere-se aos árabes. Nesses contextos, **la** e **eles** são **pronomes**.

> **Pronome** é a palavra que substitui o substantivo ou determina-o indicando a pessoa do discurso, ou seja, a pessoa envolvida no ato da comunicação.

Os **pronomes pessoais** representam as pessoas do discurso e também substituem substantivos. Existem dois tipos de pronomes pessoais:
- os **pronomes pessoais do caso reto**, no geral, funcionam como sujeito numa oração e, portanto, determinam a flexão do verbo.
  Por exemplo: **Eu** estou com fome. / **Ela** foi embora.

	singular	plural
1ª pessoa (a que fala)	eu	nós
2ª pessoa (com quem se fala)	tu	vós
3ª pessoa (de quem se fala)	ele, ela	eles, elas

- os **pronomes pessoais do caso oblíquo** funcionam como complemento.
  Por exemplo: Eles interrogaram **o suspeito**. → Eles interrogaram-**no**.

	singular	plural
1ª pessoa (a que fala)	me, mim, comigo	nos, conosco
2ª pessoa (com quem se fala)	te, ti, contigo	vos, convosco
3ª pessoa (de quem se fala)	se, si, consigo, lhe, o, a	se, si, consigo, lhe, os, as

Atenção! Os pronomes **o**, **a**, **os** e **as** podem sofrer algumas variações:
- associados a verbos terminado em **-r**, **-s** ou **-z** e à palavra **eis**, eles assumem as formas **lo**, **la**, **los** ou **las**.
- associados a verbos terminados em ditongo nasal (**-am**, **-em**, **-ão** ou **-õe**), os pronomes assumem as formas **no**, **na**, **nos** ou **nas**.

ATIVIDADES

1 Considere a quadrinha abaixo para responder às questões.

> Eu te vi, tu me viste,
> Tu me amaste, eu te amei,
> Qual de nós amou primeiro
> Nem tu sabes, nem eu sei.
>
> Domínio público.

a) Que pessoas do discurso aparecem na quadrinha?

_____

_____

b) Classifique os pronomes que aparecem nos verbos.

_____

_____

_____

_____

2 Complete as frases com os pronomes retos adequados.

a) Os professores coordenaram uma ação beneficente no bairro.

_____ tiveram muito trabalho, mas foi um sucesso!

b) Eu e Gabriela marcamos de ir à praia no sábado. _____ amamos tomar banho de mar.

c) Valéria, é verdade que _____ não gostaste do presente?

d) Arthur fez aniversário, mas _____ disse que não queria festa.

e) Se dependesse de mim, isso não teria acontecido. _____ jamais permitiria.

3 Reescreva as frases substituindo os destaques pelos pronomes oblíquos adequados.

a) Ainda não tive oportunidade de contar **a você** as novidades.

_____

_____

b) Perto de onde eu moro, estava um gatinho abandonado; então eu levei **o gatinho abandonado** para casa.

_____

_____

c) Pelo que ouvi dizer, os pais ajudaram muito **Rebeca e o marido**.

_____

_____

d) Eu me lembro de ter avisado a **Samara** sobre as passagens.

_____

_____

e) Os pais foram viajar e instruíram **a babá** sobre o necessário.

_____

_____

Pronomes possessivos

Estes pronomes atribuem a posse de algo às pessoas do discurso. Por exemplo:

minha mochila    **teu** livro   **seus** óculos

VANESSA ALEXANDRE

	singular	plural
1ª pessoa (a que fala)	meu(s), minha(s)	nosso(s), nossa(s)
2ª pessoa (com quem se fala)	teu(s), tua(s)	vosso(s), vossa(s)
3ª pessoa (de quem se fala)	seu(s), sua(s)	seu(s), sua(s)

Atenção! Os pronomes possessivos podem ser flexionados para o plural, pois não determinam pessoa do discurso, mas relacionam a algo.

ATIVIDADES

1 Relacione a pessoa do discurso ao pronome possessivo usado nas frases. Siga o modelo.

> – Filha, venha aqui conhecer uma velha amiga minha.
> 1ª pessoa do singular

a) Jussara comprou nossos ingressos ontem.

_____

b) Por que você não trouxe sua tesoura?

_____

c) Teu carro está atrapalhando a saída dos demais.

_____

d) A árvore em frente à casa de nossos avós tem mais de 100 anos.

_____

e) Eles gostam de seus ternos ajustados.

_____

2 Nas orações a seguir, empregue os pronomes possessivos adequados.

a) Lar? Só tenho um: o _____.

b) Esperamos te ver semana que vem, na _____ festa.

c) As _____ atitudes refletem quem tu és.

d) Vem brincar comigo! Empresto os _____ brinquedos a você.

e) Ela conquistou a vaga com _____ esforço.

3 Em qual das frases a partícula **meu** não foi usada como possessivo?

☐ Estou de mudança para meu novo apartamento.

☐ O menino passeando com o cachorrinho foi meu colega de sala.

☐ Deixa de fazer besteira, meu, isso não está certo.

☐ Assim que puder, venha ao meu escritório.

Justifique sua escolha.

_____
_____
_____
_____

Pronomes demonstrativos

São aqueles que indicam lugar, posição ou a identidade dos seres em relação à pessoa do discurso. Por exemplo:

> Por favor, quanto custa **esta** bolsa? E **aqueles** tênis?

São pronomes demonstrativos: este(s), esta(s), isto, esse(s), essa(s), isso, aquele(s), aquela(s), aquilo, próprio(s), própria(s), tal(is).

Apesar da semelhança entre os pronomes **esse** e **este** (e suas variações), existe uma regra de uso para eles. Veja:

- **esse** → é usado sempre que o ser estiver afastado de quem fala ou mais próximo da pessoa com que se fala.
- **este** → é usado sempre que o ser estiver próximo de quem fala.

(O uso de **aquele** se dá quando o ser está distante de quem fala e de com quem se fala.)

As partículas **o**, **a**, **os** e **as** também podem atuar como pronomes demonstrativos em lugar de **isto**, **aquilo**, **aquela**, **aquelas**, **aquele**, **aqueles**.

Por exemplo: Só quero **o** que é meu. → Só quero **aquilo** que é meu.

ATIVIDADES

1 Complete as frases empregando os demonstrativos adequados.

a) Você poderia pegar _____ guarda-chuva ao seu lado?

b) Apesar dos hábitos diferentes, Juliana e Diana adoram passar tempo juntas. Enquanto _____ joga *videogame*, _____ lê deitada no sofá.

c) Os preços estavam ótimos durante _____ semanas de promoção.

d) Por favor, não comente com ninguém _____ que lhe contei.

e) Alguém esqueceu _____ chaves aqui, por isso guardei-as.

2 Em qual das alternativas o demonstrativo foi empregado equivocadamente?

a) Se tudo der certo, viajo ainda esta semana.

b) Essa camisa é a que você sempre fala que é sua favorita?

c) Você já leu algum daqueles livros aqui?

d) Caso confirmem-se as previsões, aqueles serão dias tenebrosos.

Justifique sua escolha.

_____

_____

_____

3 Com base nas cenas, forme frases empregando pronomes demonstrativos.

VANESSA ALEXANDRE

_____

_____

_____

ORTOGRAFIA

Uso de -am e -ão

Leia as frases.
A mãe e a filha **conversaram** e **olharam** os retratos.
Daqui um tempo, elas **olharão** ainda mais uma vez as fotos e **conversarão** sobre o passado.

> Você percebeu a diferença no som final e na grafia das palavras destacadas?

> Os verbos **conversaram** e **olharam** indicam tempo passado ou pretérito. Os verbos **olharão** e **conversarão** indicam tempo futuro.

ATIVIDADES

1 Complete a regra:

Quando o verbo está no futuro, usamos _____.

Quando o verbo está no passado, usamos _____.

2 Escreva o tempo verbal em que as ações ocorrem: pretérito (ontem) ou futuro (amanhã).

a) Eles chegaram de avião.

_____

b) Titio e vovô viajarão de carro.

_____

c) As alunas estudarão a lição.

_____

d) Eles lerão o livro.

_____

e) Vocês leram a lição?

___

f) As crianças cantaram no coral.

___

3 Leia as frases e complete com -am ou -ão .

   a) Ontem eles estudar____.

      Amanhã eles estudar____.

   b) Ontem eles ler____.

      Amanhã eles ler____.

   c) Ontem elas viajar____.

      Amanhã elas viajar____.

   d) Ontem elas chegar____.

      Amanhã elas chega____.

4 Complete as frases com o que se pede nos parênteses. Depois, copie-as.

   a) Eles _____ alimentos. (comprar – pretérito)

___

___

   b) Eles _____ ao anoitecer. (descansar – pretérito)

___

___

   c) Eles _____ o vencedor. (abraçar – futuro)

___

___

UM TEXTO PUXA OUTRO

Leia a charge a seguir.

> ACHAMOS QUE VOCÊ PASSA TEMPO DEMAIS BATENDO PAPO NA INTERNET...
>
> naum eh verdade >:-(

MAURICIO RETT

Mauricio Rett. Disponível em: https://bit.ly/2J3tjfK.
Acesso em: 22 ago. 2022.

Charge é um texto que apresenta elementos visuais (imagem) e verbais (palavra). Ela é usada para denunciar e criticar de forma humorística situações do dia a dia.

1 Quem são os personagens da charge?

_____

_____

2 O que a imagem da charge, sem o texto, representa?

_____

_____

_____

_____

3 Você consegue perceber humor nessa charge? Explique.

_____

_____

_____

4 O que é possível perceber pela expressão do rosto das personagens?

_____

_____

_____

5 Observe a resposta que o menino dá à mulher. Que relação há entre essa resposta e a linguagem normalmente usada em mensagens via internet?

_____

_____

_____

6 Podemos dizer que, por meio da fala do menino, o autor faz uma crítica ao uso excessivo da internet? Explique.

_____

_____

_____

7 Converse com o professor e os colegas sobre as questões a seguir.

a) O uso excessivo da internet é prejudicial?

b) Você usa a internet? Com que frequência?

c) Seus familiares controlam o tempo e a qualidade dos programas e conteúdos que você acessa?

d) Em sua opinião, é importante os familiares monitorarem o uso da internet e impor limites e cuidados para as crianças usarem as tecnologias?

e) Você aceita esse controle e monitoramento?

PRODUÇÃO DE TEXTO

Você e sua turma farão um debate sobre a relação do brasileiro com a internet. Como ponto de partida, leia o trecho do artigo a seguir.

Principal finalidade do uso da Internet é a troca de mensagens

Dentre os objetivos do acesso à Internet pesquisados, o envio e recebimento de mensagens de texto, voz ou imagens por aplicativos (não *e-mail*) continua sendo o principal, indicada por 95,7% das pessoas com 10 anos ou mais de idade que utilizaram a rede em 2019.

Conversar por chamadas de voz ou vídeo foi apontada por 91,2% dessas pessoas; vindo logo em seguida, assistir a vídeos, inclusive programas, séries e filmes (88,4%); e, por último, enviar ou receber *e-mail* (61,5%). Confira no gráfico a seguir as principais finalidades no acesso à Internet no Brasil.

IBGE Educa. Uso de internet, televisão e celular no Brasil. Disponível em: https://educa.ibge.gov.br/jovens/materias-especiais/20787-uso-de-internet-televisao-e-celular-no-brasil.html. Acesso em: 22 ago. 2022.

Finalidade do acesso à Internet

	2018	2019
Enviar ou receber mensagens de texto, voz ou imagens (3)	95,7%	95,7%
Conversar por chamadas de voz ou vídeo	88,1%	91,2%
Assistir a vídeos, inclusive programas, séries e filmes	86,1%	88,4%
Enviar ou receber *e-mail*	63,2%	61,5%

Motivo para não usar
Em 2019, **75,4%** dos que não acessavam alegaram não saber usar-lá ou falta de interesse

(3) Por aplicativos diferentes de *e-mail*.

Fonte: IBGE, Diretoria de Pesquisas, Coordenação de Trabalho e Rendimento, Pesquisa Nacional por Amostra de Domicílios Contínua 2018/2019.

Preparação e escrita

Escolha se você vai pertencer ao grupo que concorda com os dados ou se fará parte do grupo que pretende apresentar argumentos que discordam.

Busque por outras pesquisas que mostrem o uso que a população brasileira faz da internet.

Busque argumentos que estejam de acordo com seu ponto de vista e também argumentos contrários ao que você defende. É sempre bom analisar a mesma situação por diversos pontos de vista.

Pontue os argumentos que julgar mais interessantes para desenvolvê-los com sua equipe.

O mais importante é a equipe ter em mente que, apesar de precisar eleger dois ou três representantes (de acordo com a orientação do professor) para o debate, todos devem apresentar os resultados de sua pesquisa.

Use as linhas a seguir para escrever o que você pesquisou.

___

___

___

___

___

___

___

___

___

___

Revisão e reescrita

Durante as reuniões, todos os membros da equipe devem expor seus pontos de vista a fim de validar seus argumentos. No entanto, o argumento final a ser apresentado durante o debate deve ser elaborado por toda a equipe.

Escolham quem serão os representantes da equipe.

Apresentação

Ouça atentamente as orientações do professor. Pergunte a respeito de qualquer regra que você não tenha entendido.

Não atropele a fala de seu colega. Espere a oportunidade para colocar-se a fim de complementar ou contradizer o argumento exposto.

Respeite o argumento colocado por seu colega e nunca o ridicularize.

Evite usar expressões como "eu acho que", mas apresente dados sólidos e argumentos com fontes confiáveis.

AMPLIANDO O VOCABULÁRIO

advogar

(ad-vo-**gar**):
1. defender alguém ou alguma coisa. Exemplo: *Os especialistas advogam o uso da letra cursiva.*
2. exercer a profissão de advogado. Exemplo: *Ela é recém-formada e já advoga.*

anacrônico

(a-na-**crô**-ni-co): contrário ao que é moderno, obsoleto, ultrapassado.

ensino remoto

(en-**si**-no re-**mo**-to): ensino no qual alunos e professores não estão no mesmo espaço físico; conteúdo que é produzido e disponibilizado on-line.

híbrido

(**hí**-bri-do): que ou o que resulta da junção de coisas diferentes.

obsoleto

(ob-so-**le**-to): que caiu em desuso, ultrapassado, antiquado.

pandemia

(pan-de-**mi**-a): quando uma enfermidade se dissemina pelo mundo.

reverberar

(re-ver-be-**rar**): fazer com que alguma coisa seja refletida; ocasionar reflexão.

rotular

(ro-tu-**lar**): colocar rótulo; atribuir uma característica.

segregador

(se-gre-ga-**dor**): que separa ou exclui; que impede o acesso de todos.

LEIA MAIS

Acesse estes *sites* e leia outros artigos de opinião.

Ciência Hoje das Crianças:
http://chc.org.br/

O Brasileirinho:
https://www.obrasileirinho.com.br/

Revista Qualé:
https://revistaquale.com.br/

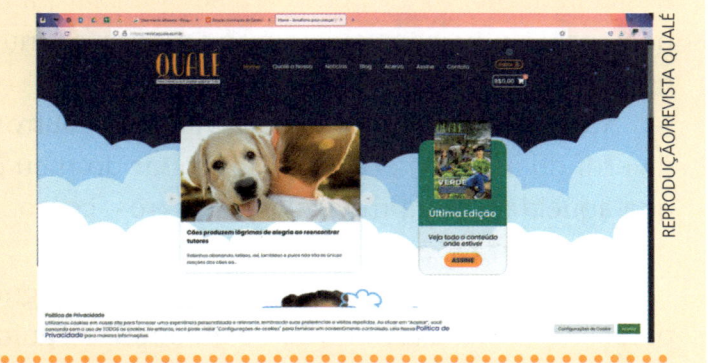

Opiniões irreverentes

Edy Lima. São Paulo: Scipione, 2019.

O livro traz oito histórias com as 'opiniões irreverentes' de uma criança sobre temas como família, escola, comportamento, pátria, indígenas e animais. Essas histórias nos fazem refletir sobre questões de grande relevância social, como a relação entre os indivíduos de uma comunidade e a diversidade entre eles, os hábitos de consumo, a preservação do meio ambiente, os papéis familiares etc.

203

LIÇÃO 12 — A ESTRANHA PASSAGEIRA

VAMOS COMEÇAR!

O texto que você vai ler é uma **crônica**. As crônicas são narrativas curtas, geralmente publicadas em jornais e revistas, que propõem uma reflexão sobre situações do cotidiano.

A estranha passageira

— O senhor sabe? É a primeira vez que eu viajo de avião. Estou com zero hora de voo — e riu nervosinha [...].

Depois pediu que eu me sentasse ao seu lado, pois me achava muito calmo e isto iria fazer-lhe bem. Lá se ia a oportunidade de ler o romance policial que eu comprara no aeroporto, para me distrair na viagem. Suspirei e fiz o bacano respondendo que estava às suas ordens.

Madama entrou no avião sobraçando um monte de embrulhos, que segurava desajeitadamente. [...] custou a se encaixar na poltrona e arrumar todos aqueles pacotes. Depois não sabia como amarrar o cinto e eu tive que realizar essa operação [...].

Afinal estava ali pronta para viajar. Os outros passageiros estavam já se divertindo às minhas custas, a zombar do meu embaraço ante as perguntas que aquela senhora me fazia aos berros, como se estivesse em sua casa, entre pessoas íntimas. A coisa foi ficando ridícula:

— Para que esse saquinho aí? — foi a pergunta que fez, num tom de voz que parecia que ela estava no Rio e eu em São Paulo.

— É para a senhora usar em caso de necessidade — respondi baixinho.

Tenho certeza de que ninguém ouviu minha resposta, mas todos adivinharam qual foi, porque ela arregalou os olhos e exclamou:

— Uai... as necessidades neste saquinho? No avião não tem banheiro?

Alguns passageiros riram, outros — por fineza — fingiram ignorar o lamentável equívoco da incômoda passageira de primeira viagem. Mas ela era um azougue [...] e não parava de badalar. Olhava para trás, olhava para cima, mexia na poltrona e quase levou um tombo, quando puxou a alavanca e empurrou o encosto com força, caindo para trás e esparramando embrulhos para todos os lados.

O comandante já esquentara os motores e a aeronave estava parada, esperando ordens para ganhar a pista de decolagem. Percebi que minha vizinha de banco apertava os olhos e lia qualquer coisa. Logo veio a pergunta:

— Quem é essa tal de emergência que tem uma porta só pra ela?

Expliquei que emergência não era ninguém, a porta é que era de emergência, isto é, em caso de necessidade, saía-se por ela.

Madama sossegou e os outros passageiros já estavam conformados com o término do "*show*". Mesmo os que mais se divertiam com ele resolveram abrir jornais, revistas ou se acomodaram para tirar uma pestana durante a viagem.

Foi quando madama deu o último vexame. Olhou pela janela (ela pedira para ficar do lado da janela para ver a paisagem) e gritou:

— Puxa vida!!!

Todos olharam para ela, inclusive eu. Madama apontou para a janela e disse:

— Olha lá embaixo!

Eu olhei. E ela acrescentou:

— Como nós estamos voando alto, moço. Olha só... o pessoal lá embaixo até parece formiga.

Suspirei e lasquei:

— Minha senhora, aquilo são formigas mesmo. O avião ainda não levantou voo.

Stanislaw Ponte Preta. A estranha passageira. In: *Contos brasileiros 1*. São Paulo: Ática, 2012 (Coleção Para gostar de ler, 8).

ESTUDO DO TEXTO

1 A personagem do texto comete um equívoco sobre o saquinho.
   a) Para que ele serve?
   _____

   b) O que ela entende?
   _____
   _____

2 Em outro momento, ela comete mais um equívoco.
   a) Reescreva o trecho em que isso aparece.
   _____
   _____

   b) Explique a confusão que a passageira faz.
   _____
   _____
   _____

3 O avião já havia decolado? Copie um trecho que justifique sua resposta.
   _____
   _____
   _____

4 Leia o trecho a seguir.

> Madama sossegou e os outros passageiros já estavam conformados com o término do "*show*". Mesmo os que se divertiam com **ele** resolveram abrir jornais, revistas ou se acomodaram para tirar uma pestana durante a viagem.

A que se refere **ele**?
_____

206

ESTUDO DA LÍNGUA

Discurso direto e discurso indireto

Releia este trecho de "A estranha passageira".

> — O senhor sabe? É a primeira vez que eu viajo de avião. Estou com zero hora de voo — e riu nervosinha [...].

Você percebeu que podemos usar o travessão para indicar o início de uma fala?

> Nesse trecho, os travessões são usados para indicar a fala da personagem. É o chamado **discurso direto**.

No discurso direto, também podemos usar as aspas quando aparecer uma fala.
Exemplo: "O céu e a terra não falam", o menino retrucou.
Em outros trechos dessa história, não há travessões. Veja.

> Depois pediu que eu me sentasse ao seu lado, pois me achava muito calmo e isto iria fazer-lhe bem.

> Nesse trecho, o narrador conta o que a estranha passageira pediu. Ele usa o **discurso indireto**.

ATIVIDADE

1 Leia estas falas. Indique se o discurso é direto (D) ou indireto (I).

- ☐ — É para a senhora usar em caso de necessidade — respondi baixinho.

- ☐ O sacerdote respondeu que era fácil desvendar o mistério.

- ☐ — Quem é essa tal de emergência que tem uma porta só pra ela?

- ☐ Ela perguntou se não havia banheiro no avião.

- ☐ Parou um instantinho, olhou zombeteira o caracol e disse: "Volta, volta, velho! Que é que você vai fazer lá em cima? Não é tempo de pitanga".

Pronomes indefinidos

Releia este trecho da crônica.

Tenho certeza de que **ninguém** ouviu minha resposta, mas **todos** adivinharam qual foi porque ela arregalou os olhos e exclamou:
— Uai... as necessidades neste saquinho? No avião não tem banheiro?

Não é possível identificar as pessoas a quem as palavras **ninguém** e **todos** se referem. Essas palavras são **pronomes indefinidos**.

Pronomes indefinidos são aqueles que se referem ao substantivo, dando uma ideia vaga, imprecisa, indefinida.

Conheça os principais pronomes indefinidos.

algo, alguém, algum, alguma, alguns, algumas
nada, ninguém, nenhum, nenhuma, nenhuns, nenhumas
tudo, todo, toda, todos, todas
cada, qualquer, quaisquer, certo, certa, certos, certas
mais, menos, muito, muita, muitos, muitas
pouco, pouca, poucos, poucas, tanto, tanta, tantos, tantas
quanto, quanta, quantos, quantas
outrem, outra, outro, outras, outros
vários, várias
diversos, diversas

ATIVIDADE

1 Complete as frases com os pronomes indefinidos do quadro.

vários   alguém   tanto   ninguém   diversos   menos   poucos

a) _____ bateu à porta.

b) Comprei _____ sapatos e não usei.

c) Puxa! Nunca pesquei _____ peixe assim.

d) Lúcia tem _____ amigos.

e) Ontem houve _____ trabalho.

f) Na mesa havia _____ livros.

ORTOGRAFIA

Sons do s

Leia estas palavras do texto "A estranha passageira".

senhora	roman**c**e	opera**ç**ão	pa**ss**ageira
saquinho	**c**into	embara**ç**o	acre**sc**entou
segurava	poli**c**ial	for**ç**a	e**x**clamou

Nessas palavras, o som **/s/** foi representado por letras diferentes: **s**, **c**, **ç**, **ss**, **sc**, **x**.

ATIVIDADES

1 Releia este trecho do texto.

> Expliquei que emergência não era ninguém, a porta é que era de emergência, isto é, em caso de necessidade, saía-se por ela.

a) Copie as palavras em que aparece o som [s].

_____

_____

b) Nas palavras que você copiou, circule a letra que representa o som [s].

c) Em qual palavra do trecho acima, a letra **s** não representa o som [s]? Que som ela representa?

_____

2 Pesquise, em jornais e revistas, outras palavras em que apareça o som [s]. Copie essas palavras e destaque as letras que representam esse som.

💬 Leia para os colegas as palavras que você pesquisou.

UM TEXTO PUXA OUTRO

Leia a piada abaixo.

Medo de avião

O avião balançava muito, devido ao mau tempo. A aeromoça tentava acalmar os passageiros. Quando percebeu que um deles estava tão nervoso, que começava a ficar roxo, ela perguntou:

— Estou vendo que o senhor está passando mal. É falta de ar, cavalheiro?

O passageiro respondeu:

— Não. É falta de terra mesmo!

Clubinho das piadas: piadas para crianças, ed. 18. São Paulo: EdiCase, s/d. p. 10.

1 Em que local se passa o fato narrado na piada?

_____

2 Na piada, é possível perceber o surgimento de um problema – o conflito – que se complica até o ponto mais tenso da situação narrada. Descreva:

a) o conflito: _____

b) o ponto mais tenso da situação: _____

_____

3 Quando a aeromoça faz a pergunta ao passageiro que começava a ficar roxo, qual informação ela esperava obter?

_____

4 Por que a resposta do passageiro nos surpreende?

_____

_____

PRODUÇÃO DE TEXTO

Nesta seção, você escreverá uma crônica humorística, como a lida nesta lição.

Preparação

Para escrever sua crônica, escolha a história ou o acontecimento que vai narrar.

Pode ser uma história engraçada que aconteceu com você ou que ouviu de alguém. Ou pode mesmo ser um relato sobre uma história que você achou curiosa. Nesse caso, lembre-se de dar sua opinião sobre ela e explicar o que atraiu sua atenção.

A crônica, como qualquer narrativa, tem começo, meio e fim. Pense em qual será o começo, o meio e o fim de sua história. Faça um roteiro da sequência de acontecimentos.

Produção

A partir do roteiro que você fez, escreva as partes da sua história nas linhas a seguir.

___

___

___

___

___

___

___

___

Revisão

Releia seu texto, prestando atenção:

- se sua história tem um começo, um meio e um fim;
- se o leitor pode compreendê-la facilmente.

Se tiver dúvida quanto à ortografia das palavras, consulte um dicionário.

Passe a limpo a sua crônica e entregue-a para o professor. Ele vai montar um "Varal de crônicas" com as composições dos alunos.

AMPLIANDO O VOCABULÁRIO

aeronave

(a-e-ro-**na**-ve): designação genérica dos aparelhos por meio dos quais se navega no ar.

azougue

(a-**zou**-gue): pessoa viva; esperta.

badalar

(ba-da-**lar**): falar.

embaraço

(em-ba-**ra**-ço): perturbação.

equívoco

(e-**quí-**vo-co): engano.

fineza

(fi-**ne**-za): gentileza.

incômoda

(in-**cô**-mo-da): desagradável.

íntimo

(**ín**-ti-mo): familiar.

lamentável

(la-men-**tá**-vel): digno de dó.

ridículo

(ri-**dí**-cu-lo): que desperta riso.

sobraçar

(so-bra-**çar**): segurar com o braço.

vexame

(ve-**xa**-me): vergonha.

zombar

(zom-**bar**): gracejar.

LEIA MAIS

Comédias para se Ler na Escola
Luis Fernando Verissimo. Rio de Janeiro: Objetiva, 2001.

Essa seleção de crônicas de Luis Fernando Verissimo mostra o humor inteligente e muito engraçado do escritor. Apresentadas pela escritora Ana Maria Machado, as crônicas reunidas nesse volume não só fazem rir, como também pensar.

O golpe do aniversariante e outras crônicas
Walcyr Carrasco. São Paulo: Moderna, 2016.

Os acontecimentos do cotidiano são inspirações para essas crônicas: crianças viciadas em *videogames*, o constrangimento de encontrar e não lembrar de alguém conhecido, transformam-se em alvo de boas risadas do leitor.

Crônicas 1
Carlos Drummond de Andrade, Fernando Sabino, Paulo Mendes Campos e Rubem Braga. São Paulo: Ática, 2006.

Crônicas carregadas de muito humor por quem entende do assunto.

ORGANIZANDO CONHECIMENTOS

1 Observe estas cartas de um jogo e converse com os colegas.

a) Que jogo é esse?
b) Como se brinca?
c) Você já brincou?

2 Numere as regras do jogo da memória, indicando a ordem em que as etapas devem ser seguidas.

☐ "Se o jogador consegue encontrar duas cartas iguais à primeira, tem direito a jogar outra vez ou tentar outro par. [...] No caso do jogador, ao virar duas cartas e que os seus desenhos não coincidam, passar a jogada para o seguinte participante."

☐ "Misturar e distribuir as cartas sobre uma mesa, com os desenhos virados para baixo."

☐ "Cada jogador deve virar duas cartas buscando um par igual."

Disponível em: https://br.guiainfantil.com/materias/cultura-e-lazer/jogos/jogo-da-memoria-brincadeiras-para-criancas/. Acesso em: 22 ago. 2022.

3 Coloque o artigo definido antes do nome destes profissionais, de acordo com o gênero (masculino ou feminino) e o número (singular ou plural).

_____ revisora   _____ escritora   _____ capista

_____ editores   _____ iconógrafo   _____ *designers*

_____ ilustrador   _____ impressores   _____ diagramadoras

4 Leia a lista de ingredientes para uma receita divertida. Copie os numerais e classifique-os em: cardinais, ordinais, multiplicativos ou fracionários.

> **Receita para uma grande amizade**
>
> Ingredientes:
> Um pacote de carinho
> Uma pitada de paciência
> O dobro de lealdade
> Meio quilo de sinceridade
>
> Domínio público.

_____

_____

5 Leia esta cantiga popular.

> Terezinha de Jesus,
> de uma queda foi ao chão.
> Acudiram três cavalheiros
> todos três chapéu na mão.
>
> O primeiro foi seu pai,
> o segundo seu irmão.
> O terceiro foi aquele
> que a Tereza deu a mão.
>
> Terezinha levantou-se,
> levantou-se lá do chão.
> E sorrindo disse ao noivo:
> — Eu te dou meu coração.
>
> Da laranja quero um gomo,
> Do limão quero um pedaço.
> Da menina mais bonita
> quero um beijo e um abraço.
>
> Domínio público.

Responda às questões utilizando numerais.

a) Quantas estrofes a cantiga tem? E quantos versos?

_____

b) Quantos cavalheiros foram socorrer Terezinha?

_____

c) Na segunda estrofe, há três numerais que indicam a posição em determinada sequência, ou seja, a ordem. Quais são essas palavras?

_____

6 Que tal testar seus conhecimentos? Leia os itens e marque, no quadro, as respostas. Para cada acerto, coloque **1**; para cada erro, coloque **0**. Ao final, some os pontos e veja se você se saiu bem. Boa sorte!

1. Na frase "Gastei somente um quarto das minhas economias deste mês", a palavra **quarto** é um numeral _____.

2. O artigo que acompanha o substantivo **vento** na frase "O vento forte bate contra as árvores" é a palavra _____.

3. Numeral que indica quantidade: _____.

4. Complete com o artigo adequado: Faça valer _____ Estatuto do Idoso!

5. Numeral ordinal correspondente a vinte: _____.

6. Se você ouvir a frase "Nosso atleta chegou em **terceiro** lugar", quantas pessoas você entende que chegaram antes dele? _____.

7. Artigo definido, masculino, singular: _____.

8. Complete: Ana tem dois anos e Carlinhos, seu irmão, tem o triplo da idade dela. Isso equivale a dizer que Carlinhos tem _____ a idade de Ana.

	X	Coluna 1	X	Coluna 2	Pontos
1		cardinal		fracionário	
2		o		forte	
3		ordinal		cardinal	
4		um		o	
5		vigésimo		vinte avos	
6		uma		duas	
7		o		as	
8		duas vezes		três vezes	
		Total			

7 Sublinhe os pronomes pessoais do caso reto.

a) Enquanto ela fala, eles aplaudem.

b) Vós comprastes a samambaia? Eles também?

c) Eu adoro a casa cheia de plantas! Ela detesta.

d) Tu compraste o mel? Nós fomos lá para isso!

e) Dei a elas um futuro: paguei seus estudos. Elas são agradecidas.

f) Eles já saíram. Nós vamos agora.

8 Circule os pronomes pessoais oblíquos.

a) Deram-me um lindo ramalhete.

b) Mando-lhe um abraço.

c) Bete te avisou?

d) O governador nos chamou.

e) Comprei um sorvete e vou tomá-lo.

f) Miguel brincou contigo?

g) Ela se chama Bruna.

h) Vou dar-lhes boas-vindas.

9 Classifique os pronomes destacados em **possessivo**, **demonstrativo** ou **indefinido**.

a) **Isto** é caro. _____

b) **Minha** bolsa é bonita. _____

c) **Alguém** entrou na sala. _____

d) **Meu** livro está na estante. _____

e) O que é **isso**? _____

f) **Ninguém** sabe onde ele está. _____

g) **Várias** pessoas foram à festa. _____

h) Você pegou **sua** chave? _____

LIÇÃO 13
ALIMENTAÇÃO SAUDÁVEL

VAMOS COMEÇAR!

Leia a entrevista concedida ao *site* Notícias da Região Tocantina pela nutricionista Anyvlis Alencar, que é especialista em nutrição infantil.

A nutricionista fala sobre o que é uma alimentação saudável, a importância dos diferentes nutrientes na infância e os vilões da alimentação das crianças.

Entrevista – Anyvlis Alencar: uma conversa sobre alimentação infantil

Em tempos de pandemia, a alimentação das crianças se torna um problema a mais para as famílias confinadas. Nesta entrevista, a nutricionista Anyvlis Alencar, especialista em nutrição infantil, esclarece pontos importantes e dá dicas para uma melhor alimentação dos pequenos. Vale a leitura.

Região Tocantina – Como a senhora avalia que seja uma boa alimentação infantil?

Anyvlis Alencar – Ter uma alimentação saudável na infância é ingerir alimentos que oferecem nutrientes e energia que ajudam a manter o bom estado de saúde. É importante que a alimentação seja balanceada em carboidratos, fibras (verduras, legumes, frutas), proteínas, sais minerais e muita água.

Região Tocantina – Qual é o verdadeiro valor das frutas para as crianças?

Anyvlis Alencar – Elas são ricas em vitaminas, minerais, água. Trazem saúde, protegem contra as doenças, previnem a obesidade infantil e garantem o desenvolvimento saudável, tanto dos pequenos quanto dos adultos.

218

O limão e a laranja, que são exemplos de frutas cítricas, são ricas em vitamina C, que tem um papel importante na absorção do ferro, prevenindo a anemia.

Região Tocantina – O que uma criança nunca deveria comer?

Anyvlis Alencar – Alimentos industrializados como salgadinhos, biscoitos recheados, refrigerantes, salsicha, guloseimas açucaradas. O seu consumo pode provocar, a curto prazo, obesidade, cáries dentárias e sobrecarga renal, mas se o consumo persistir, na idade adulta, podem estar na base de outras doenças graves, como diabetes e hipertensão arterial.

Região Tocantina – Como os pais devem encarar a alimentação das crianças em tempos de pandemia?

Anyvlis Alencar – Primeiramente, é de suma importância redobrar a atenção no momento de higienização dos alimentos. Manter a imunidade em alta tem impacto direto na prevenção da covid-19, portanto estimular a ingestão de alimentos ricos em vitaminas (frutas, legumes e vegetais) ajuda de modo geral na saúde dos pequenos. Praticar atividades físicas também ajuda a reduzir níveis de estresse possivelmente causados pelo isolamento social.

Região Tocantina – O que dizer para aqueles pais e mães que alegam não ter tempo de fazer uma comida mais saudável para as crianças e acabam dando processados para elas?

Anyvlis Alencar – Planejamento é a palavra-chave. A falta de tempo hoje em dia tem sido desculpa frequente para muitos pais, porém manter uma alimentação saudável para toda a família não é tão difícil, por exemplo, abrir um pacote de biscoito é tão fácil quanto descascar uma banana. Planejar a rotina de uma alimentação é essencial para manter a saúde e ainda economizar tempo.

Região Tocantina – Qual é o tempo ideal para uma criança espaçar a alimentação por todo o dia?

Anyvlis Alencar – A Sociedade Brasileira de Pediatria recomenda o intervalo de duas a três horas. Este tempo é suficiente para que a criança possa distinguir a sensação de fome e de estar saciada após uma refeição.

Região Tocantina – O refrigerante e os doces são realmente os vilões da alimentação infantil?

Anyvlis Alencar – Sim. Para qualquer pessoa em geral, para as crianças em particular, são alimentos totalmente dispensáveis na dieta. As suas doses de açúcar são muito elevadas, podendo provocar diversos problemas de saúde como, por exemplo, obesidade, diabetes e cáries dentárias.

Região Tocantina – Como fazer para uma criança comer verduras sem reclamar?

Anyvlis Alencar – O diálogo é tão importante quanto a aceitação da criança. Explique para o seu filho(a) quais os benefícios daquele alimento pra saúde dele, convide-o pra ajudá-lo(a) a preparar a refeição. Envolver os pequeninos no processo de preparação dos alimentos é uma excelente estratégia para aceitação de novos sabores. E lembre-se de que você é o primeiro modelo de comportamento do seu filho. Ele aprende a se alimentar observando como – e o quê – você come.

Região Tocantina – É, realmente, verdade que a saúde está na boa alimentação?

Anyvlis Alencar – É verdade sim, a alimentação tem impacto direto no funcionamento do nosso organismo, sendo fundamental para nos mantermos em boas condições de saúde em todas as fases da vida, desde a infância até a idade mais avançada.

Entrevista – Anyvlis Alencar: uma conversa sobre alimentação infantil. *Notícias da Região Tocantina*, 19 out. 2020. Disponível em: https://regiaotocantina.com.br/2020/10/19/entrevista-anyvlis-alencar-uma-conversa-sobre-alimentacao-infantil/. Acesso em: 22 ago. 2022.

ESTUDO DO TEXTO

1 Complete as informações:

a) Título da entrevista: _____

b) Nome da entrevistada: _____

c) *Site* ao qual a entrevista foi concedida: _____

2 Observe a primeira pergunta da entrevista:

Região Tocantina – Como a senhora avalia que seja uma boa alimentação infantil?

a) O tratamento do jornal é formal ou informal? Por quê?

_____

b) Qual é a opinião da entrevistada para essa pergunta?

_____

_____

_____

c) Em sua opinião, sua alimentação pode ser considerada boa? Por quê?

_____

_____

_____

_____

3 Entre as alternativas abaixo, quais delas são apontadas no texto como coisas importantes para ter uma alimentação saudável?

☐ Planejar a alimentação da semana para evitar consumir muitos alimentos processados.

☐ O açúcar é necessário para a alimentação, por isso biscoitos recheados e guloseimas açucaradas estão liberados.

☐ Comer em intervalos de duas a três horas permite distinguir a sensação de fome da de estar saciado após uma refeição.

☐ A criança deve ser obrigada a comer diferentes alimentos, sem necessidade de saber o porquê.

4 Quais são os vilões da alimentação infantil apontados pela nutricionista na entrevista? Por que eles são considerados algo negativo nesse processo?

_____

_____

_____

_____

_____

5 Releia o trecho da entrevista destacado abaixo.

> **Região Tocantina** – Qual é o verdadeiro valor das frutas para as crianças?
> **Anyvlis Alencar** – Elas são ricas em vitaminas, minerais, água. Trazem saúde, protegem contra as doenças, previnem a obesidade infantil e garantem o desenvolvimento saudável, tanto dos pequenos quanto dos adultos. O limão e a laranja, que são exemplos de frutas cítricas, são ricas em vitamina C, que tem um papel importante na absorção do ferro, prevenindo a anemia.

a) Qual palavra o termo **elas**, presente na resposta da entrevistada, retoma?

_____

b) Qual é o valor das frutas na nossa alimentação?

_____
_____
_____

c) Quais são os exemplos dados pela autora para esclarecer ao leitor o valor desse alimento?

_____
_____
_____

6 Ao ler a entrevista, como você identifica a fala da entrevistada e a da entrevistadora?

_____
_____
_____

> Nas **entrevistas**, costuma-se ter a participação de um entrevistador e de um entrevistado que dialogam sobre determinado assunto. O entrevistador é geralmente um jornalista, e o entrevistado pode ser uma ou mais pessoas.

7 Qual foi o interesse do *site* ao entrevistar uma nutricionista sobre alimentação saudável, destacando a alimentação das crianças?

_____

_____

_____

> Normalmente, uma entrevista jornalística traz para o leitor ou o ouvinte informação ou opinião de alguém sobre um assunto de interesse público.

8 Em sua opinião, a quem essa entrevista é dirigida?

_____

_____

_____

10 Releia o trecho da entrevista destacado a seguir.

> **Região Tocantina** – Como fazer para uma criança comer verduras sem reclamar?
> **Annyvlis Alencar** – O diálogo é tão importante quanto a aceitação da criança. Explique para o seu filho(a) quais os benefícios daquele alimento pra saúde dele, convide-o pra ajudá-lo(a) a preparar a refeição. Envolver os pequeninos no processo de preparação dos alimentos é uma excelente estratégia para aceitação de novos sabores. E lembre-se de que **você é o primeiro modelo de comportamento do seu filho**. Ele aprende a se alimentar observando como – e o quê – você come.

a) A quem está direcionado o trecho destacado?

_____

b) Qual pronome a entrevistada usa para se dirigir a eles?

_____

c) No trecho: "Ele aprende a se alimentar observando como – e o quê – você come.", a quem se refere o pronome **ele**?

_____

ESTUDO DA LÍNGUA

Adjetivo

Releia estas perguntas feitas à nutricionista na entrevista "Anyvlis Alencar: Uma conversa sobre alimentação infantil".

> Como a senhora avalia que seja uma **boa** alimentação **infantil**?

> Qual é o tempo **ideal** para uma criança espaçar a alimentação por todo o dia?

As palavras **boa**, **infantil** e **ideal** são adjetivos.

> **Adjetivos** são palavras que atribuem uma qualidade ou especificam o substantivo.

Os adjetivos concordam em **gênero** e **número** com o substantivo. Exemplos:

produtos industrializados
boa alimentação
alimentação saudável
alimentos integrais

Adjetivo pátrio

Os adjetivos também podem especificar o **lugar de origem** de pessoas, animais, objetos, entre outros.

> Chamam-se **adjetivos pátrios** aqueles que determinam o país, o estado, a cidade etc. de onde procedem os seres nomeados pelos substantivos.

Leia.

> No almoço e no jantar, o prato **brasileiro** deve ter alimentos de cinco cores.

A palavra **brasileiro** é um adjetivo pátrio.

Conheça alguns adjetivos pátrios.

origem	adjetivo
Acre	acreano, acriano
Alagoas	alagoano
Amapá	amapaense
Amazonas	amazonense
Aracaju	aracajuense
Bahia	baiano
Belém	belenense
Belo Horizonte	belo-horizontino
Brasil	brasileiro, brasílico
Brasília	brasiliense
Ceará	cearense
Cuiabá	cuiabano, cuiabense
Curitiba	curitibano
Espírito Santo	espírito-santense, capixaba
Florianópolis	florianopolitano
Fortaleza	fortalezense
Goiânia	goiano
João Pessoa	pessoense
Maceió	maceioense
Manaus	manauense
Maranhão	maranhense
Mato Grosso	mato-grossense
Mato Grosso do Sul	mato-grossense-do-sul
Minas Gerais	mineiro
Natal	natalense
Niterói	niteroiense

origem	adjetivo
Pará	paraense
Paraíba	paraibano
Paraná	paranaense
Pernambuco	pernambucano
Piauí	piauiense
Porto Alegre	porto-alegrense
Recife	recifense
Rio Branco	rio-branquense
Rio de Janeiro (estado)	fluminense
Rio de Janeiro (cidade)	carioca
Rio Grande do Norte	rio-grandense-do-norte, potiguar
Rio Grande do Sul	rio-grandense-do-sul, gaúcho
Rondônia	rondoniano
Roraima	roraimense
Salvador	soteropolitano
Santa Catarina	catarinense
São Luís	sanluisense
São Paulo (estado)	paulista
São Paulo (cidade)	paulistano
Sergipe	sergipano
Teresina	teresinense
Tocantins	tocantinense
Vitória	vitoriense

ATIVIDADES

1 Qual é sua comida preferida? É um doce, um salgado, uma fruta? Pense e depois circule as palavras do quadro que você acha que descrevem essa comida.

> gostosa   deliciosa   suculenta   refrescante   crocante
>
> salgadinha   azeda   cremosa   quente   apimentada   doce

2 Separe os substantivos em uma coluna e os adjetivos em outra.

> sala ventilada   olhos azuis   grito horrível
> moça elegante   crianças sapecas   festa junina
> pequeno peixe   roupa velha   blusas coloridas
> homem valente   lindas borboletas   festas folclóricas

substantivos	adjetivos

3 Complete com adjetivos. Veja o exemplo.

> Quem tem **teimosia** é **teimoso**.

a) Quem tem **orgulho** é _____.

b) Quem tem **amor** é _____.

c) Quem tem **medo** é _____.

d) Quem tem **respeito** é _____.

e) Quem tem **carinho** é _____.

4 Complete as frases com adjetivos pátrios.

a) Agostinho nasceu no Ceará.

Ele é _____.

b) Vovó nasceu na Bahia.

Ela é _____.

c) Nosso diretor nasceu no Maranhão.

Ele é _____.

d) Eu nasci na cidade de São Paulo.

Eu sou _____.

e) João nasceu em Goiás.

Ele é _____.

f) Paulo nasceu no Paraná.

Ele é _____.

g) Glória nasceu em Alagoas.

Ela é _____.

h) A professora nasceu no Rio Grande do Norte.

Ela é _____.

i) Nós nascemos no estado do Rio de Janeiro.

Somos _____.

j) Mãe e filho nasceram no Espírito Santo.

Eles são _____.

5 Qual é o adjetivo pátrio para as pessoas que nascem:

a) no seu país?

_____

b) no seu estado?

_____

c) na sua cidade?

_____

6 Leia esta estrofe da canção "Paratodos", de Chico Buarque de Holanda.

> [...]
> O meu pai era **paulista**
> Meu avô, **pernambucano**
> O meu bisavô, **mineiro**
> Meu tataravô, **baiano**
> Vou na estrada há muitos anos
> Sou um artista **brasileiro**
> [...]
>
> Chico Buarque. *Paratodos*. Rio de Janeiro: RCA. Records, 1993. Disco.
> Disponível em: https://bit.ly/2L1shmi. Acesso em: 22 ago. 2022.

a) Observe os adjetivos destacados na estrofe. O que eles indicam?

_____

b) Onde nasceu:

- o pai? _____
- o avô? _____
- o bisavô? _____
- o tataravô? _____

7 Reescreva os versos da canção "Paratodos" alterando os adjetivos pátrios para o feminino. Observe que outras palavras dos versos também deverão mudar a forma para combinar com o feminino do adjetivo pátrio.

_____

_____

_____

_____

_____

_____

Qual adjetivo permaneceu escrito da mesma forma, tanto no feminino quanto no masculino?

_____

ORTOGRAFIA

Palavras terminadas em -eza e -esa

Leia as frases e observe as palavras destacadas.

> A alimentação brasileira tem uma **riqueza** incrível.
> Com a colonização **portuguesa**, o pão, o queijo, o arroz, os doces e os vinhos foram incorporados à nossa alimentação.

A terminação **-eza** é empregada para formar substantivos que derivam de adjetivos:

> rico – riqu**eza**   esperto – espert**eza**   gentil – gentil**eza**

A terminação **-esa** é usada para formar o feminino de alguns substantivos:

> português – portugu**esa**   tigre – tigr**esa**   grão-duque – grão-duqu**esa**

ATIVIDADES

1 Leia o texto a seguir que fala um pouco sobre a origem do nome "pão francês".

Um francês *fake*

Apesar do nome, o pão francês das nossas padarias não existe na França e, a depender da região do Brasil, é chamado de outro jeito. No Rio Grande do Sul e na Bahia é cacetinho; no Ceará, carioquinha, e no Pará, careca.

Pão de sal, de massa grossa, média, filão e pão jacó são outros nomes atribuídos ao pão francês que nasceu no Rio de Janeiro, durante o período colonial, quando d. João VI e sua corte se instalaram por aqui e passaram a incentivar a importação da farinha branca — até então, os pães eram feitos de farinha de mandioca, milho ou até centeio e tinham um aspecto mais rústico, com casca grossa.

Há quem diga que o nome do pão francês deve-se ao fato dele ter sido criado por influência de brasileiros abastados que se encantavam com os pães de miolo branco que consumiam nas *boulangeries* parisienses. Ao retornarem ao Brasil, pediam para os padeiros locais fazerem o tal "pãozinho francês". Ele também pode ter recebido esse nome porque muitos padeiros que chegaram com a corte eram franceses.

Pães franceses.

Mônica Santos. Quero pão francês. Disponível em: https://www.uol.com.br/nossa/reportagens-especiais/pao-frances-que-nada-ele-nasceu-no-brasil-e-virou-instituicao-nacional/#page4. Acesso em: 22 ago. 2022.

a) Qual dos nomes apresentados para o pão francês nesse texto você já conhecia? Qual deles é o nome desse tipo de pão em sua região?

_____

b) Como os pães eram feitos em nosso país antes da chegada dos portugueses?

_____

c) Quando ouvimos o nome "pão francês", qual é a ideia que temos sobre ele? O texto confirma essa ideia?

_____

_____

_____

_____

2 Faça como no exemplo:

> padeiro da França: padeiro francês

a) marca da França _____

b) fábrica da China _____

c) língua de Portugal _____

d) bacalhau da Noruega _____

e) carro de Portugal _____

3 Leia estes títulos de notícia e observe as palavras destacadas:

> Neta preferida da rainha ainda não decidiu se será **princesa**
>
> Portal de notícias Terra, 6 maio 2022.

> Aprendizado de língua **inglesa** vira exposição artística de estudantes da rede municipal
>
> Portal da Prefeitura de Caxias do Sul, 18 abr. 2022.

a) Essas palavras estão no feminino ou masculino?

_____

b) Qual é o masculino de cada uma delas?

Princesa: _____

Inglesa: _____

4 Escreva o feminino destas palavras.

japonês _____

marquês _____

cônsul _____

senegalês _____

barão _____

freguês _____

polonês _____

tailandês _____

5 Complete as palavras com **-eza** ou **-esa**. Depois, copie-as.

holand_____   campon_____

def_____   montanh_____

fri_____   firm_____

surpr_____   desp_____

clar_____   burgu_____

franqu_____   pobr_____

UM TEXTO PUXA OUTRO

A alimentação adequada e saudável é um direito fundamental de todas as pessoas. O consumo variado e harmonioso de alimentos é essencial para uma boa qualidade de vida, para prevenir doenças e para o desenvolvimento físico e intelectual. Observe a pirâmide alimentar abaixo.

1 Dos alimentos observados na pirâmide acima:

a) quais você mais consome?

_____

b) quais você não costuma consumir?

_____

2 Os alimentos que você mencionou no item **a** da atividade 1 estão localizados em que parte da pirâmide?

_____

3 Em sua opinião, para uma alimentação saudável, existe um grupo alimentar mais importante ou menos importante que o outro?

PRODUÇÃO DE TEXTO

Nesta lição, você aprendeu como as entrevistas são escritas e como normalmente as partes de textos como esse estão organizados:

- **título**: costuma ser escrito com frases de efeito para chamar a atenção do público leitor ou espectador.
- **apresentação**: vem depois do título e antes das perguntas e faz referência ao entrevistado, ou seja, informa quem ele é e sua relevância no assunto em questão.
- **perguntas e respostas**: trata-se da entrevista propriamente dita e traz a participação do entrevistador, que faz as perguntas, e do entrevistado, que as responde. É comum os nomes do entrevistador e entrevistado aparecerem antes de todas as perguntas e respostas.

Agora, você e os colegas serão os entrevistadores. O tema da entrevista está relacionado ao assunto que vimos no início da lição: a alimentação saudável. Vocês entrevistarão diversas pessoas para saber até que ponto a educação alimentar é importante na vida delas. O professor organizará a turma em grupos e sorteará o tema e o entrevistado de cada grupo. Reúna-se com seu grupo e "mãos à obra"!

Veja os entrevistados escolhidos para a produção das entrevistas e como elas devem ser conduzidas:

Grupo 1: entrevistar a merendeira da escola sobre a merenda que é servida aos alunos.
Objetivo principal da entrevista: saber se há preocupação por parte de quem faz o cardápio da escola em incluir, na merenda servida aos alunos, alimentos saudáveis, que tenham elementos nutritivos e equilibrados.

Grupo 2: entrevistar os familiares de um participante do grupo sobre a alimentação das crianças da família.
Objetivo principal da entrevista: saber se há, por parte dos familiares, a preocupação em incluir alimentos saudáveis, que tenham elementos nutritivos e equilibrados, nas refeições.

Grupo 3: entrevistar o proprietário ou o responsável por um estabelecimento alimentício que fornece refeições (almoço e jantar ou somente almoço).
Objetivo principal da entrevista: tomar conhecimento sobre a preferência de alimentação dos clientes, se a maioria preocupa-se em ingerir alimentos mais saudáveis, que tenham elementos nutritivos e equilibrados, ou não.

Grupo 4: entrevistar um(a) aluno(a) de outra turma sobre sua alimentação.
Objetivo principal da entrevista: saber se o(a) aluno(a) entrevistado(a) consome alimentos saudáveis, se tem ou não preocupação com o tipo de alimento que ingere ou se prefere alimentos industrializados, salgadinhos, biscoitos, refrigerantes etc.

Grupo 5: entrevistar um proprietário de estabelecimento comercial que vende verduras, legumes, frutas, hortaliças, entre outros alimentos.
Objetivo principal da entrevista: informar-se sobre a qualidade dos alimentos, a procedência, o uso de agrotóxicos (produtos usados na prevenção ou no extermínio de pragas), a preferência dos clientes por determinado produto, se os clientes se preocupam em comprar alimentos saudáveis etc.

Preparação

Reúna-se com seu grupo e, juntos, decidam quem será o entrevistado. Se tiverem dificuldade para tomar essa decisão, peçam ajuda ao professor.

Conversem com a pessoa escolhida, façam o convite e expliquem a ela que a entrevista será gravada (um gravador pode ajudá-los) e depois transcrita (vamos reescrevê-la) e exposta na escola.

Planejamento e escrita

Discutam a proposta e pensem nas coisas interessantes que essa pessoa tem para falar a todos. Preparem três perguntas cada um. Depois, conversem e elejam as cinco perguntas que considerarem mais interessantes.

Compareçam ao lugar marcado com o(a) entrevistado(a) e verifiquem com antecedência se o gravador está funcionando. Não deixem o entrevistado esperando por vocês. Verifiquem se há necessidade de um adulto acompanhá-los.

Durante a entrevista:
- iniciem as perguntas, falando com clareza e pausadamente. Não interrompam o(a) entrevistado(a);
- se perceberem que é possível ampliar as questões a partir das respostas dadas, aproveitem a oportunidade;
- se ele ou ela permitir, tirem uma foto;
- ao final, agradeçam ao(à) entrevistado(a) pela gentileza em conceder a entrevista.

Em seguida, na sala de aula, organizem a entrevista:
- construam a apresentação do(a) entrevistado(a). É preciso mencionar a relevância do entrevistado(a) no assunto em questão;
- transcrevam as perguntas e respostas, identificando o(a) entrevistador e o(a) entrevistado(a);
- verifiquem se há respostas repetidas. Deixem as mais interessante para fechar a entrevista;
- observem se a linguagem usada pelo entrevistado é mais formal ou menos formal e procurem transcrevê-la de modo que o leitor possa entender as informações;
- prestem atenção à pontuação adequada às perguntas e às respostas, na escrita correta das palavras, na concordância entre os artigos, substantivos e adjetivos;
- usem palavras sinônimas, pronomes pessoais, possessivos e demonstrativos para evitar a repetição de termos e também para organizar e estabelecer unidade entre as frases;
- façam uma legenda para a foto (se houver);
- deem um título que desperte a curiosidade do leitor.

Revisão e reescrita

Avaliem se na entrevista as perguntas e respostas estão interessantes e se permitem que o leitor compreenda as informações passadas.

Façam as correções necessárias.

Consultem, em dicionários, as dúvidas de ortografia.

Solicitem ao professor que avalie se o grupo conseguiu escrever a entrevista de forma correta, com todas as partes, com clareza e correção e se há necessidade de alterar ou corrigir algum item.

Façam a edição final do texto e planejem, com o professor, a apresentação das entrevistas.

Apresentação das entrevistas

Depois de transcritas as entrevistas, elas serão dramatizadas para toda a turma. Vocês vão apresentar as entrevistas como se estivessem em um programa de TV.

Preparação

Sigam as orientações:
- Cada grupo deverá organizar a apresentação, dividindo as tarefas de modo que haja entrosamento na equipe.
- Decidam quais serão os dois componentes do grupo que representarão os papéis de entrevistador e entrevistado. Ensaiem algumas vezes antes da apresentação.

Durante a apresentação

Lembrem-se de que a entrevista não é meramente uma leitura, mas uma exposição oral que deve prender a atenção da plateia. Assim, prestem atenção ao tom de voz, às pausas, à pronúncia das palavras, à postura diante do público, à linguagem empregada etc. Daí a importância de treinarem bastante antes.

No momento em que os colegas estiverem apresentando, respeitem o tempo deles, prestem atenção às respostas que obtiveram dos entrevistados e formulem perguntas ao grupo relativas ao tema da entrevista.

Avaliação

As entrevistas serão organizadas em um mural, após a apresentação, para que todos possam reler as informações passadas pelos entrevistados diante das perguntas dos colegas entrevistadores.

Participe de uma conversa com o professor e os colegas para avaliar todo o processo: como os diferentes entrevistados e pessoas envolvidas nesse trabalho (familiares, escola, aluno, clientes etc.) se comportam diante da educação alimentar; se sabem da importância de uma alimentação saudável; se houve interesse por parte de alguém em repensar os hábitos alimentares diante da abordagem dos entrevistadores; e mais algum item que acharem interessante colocar.

Avalie também se:
- a turma se comportou bem durante a entrevista e a apresentação;
- a apresentação prendeu a atenção da turma ou gerou cansaço e desinteresse;
- o grupo agiu com sintonia, parecendo conhecer bem o texto transcrito;
- as informações apresentadas pelo seu entrevistado e pelos entrevistados dos outros grupos trouxeram informações que possam contribuir para que você também reflita sobre seus hábitos alimentares.

AMPLIANDO O VOCABULÁRIO

alegar
(a-le-**gar**): dizer como explicação.

anemia
(a-ne-**mi**-a): baixa de glóbulos vermelhos (isto é, das células responsáveis pelo transporte de oxigênio ao sangue).

balanceado
(ba-lan-ce-**a**-do): diz-se da alimentação cujos componentes estão equilibrados em quantidade e em qualidade.

boulangeries
  palavra de origem francesa que significa padarias.

cítrico
  (**cí**-tri-co): diz-se das frutas ácidas, como o limão e a laranja.

confinado
  (con-fi-**na**-do): que não pode sair de um espaço fechado.

estresse
  (es-**tres**-se): exaustão física e emocional.

imunidade
  (i-mu-ni-**da**-de): condição de quem está imune, isto é, livre de doença.

nutricionista
  (nu-tri-ci-o-**nis**-ta): especialista em nutrição, isto é, processo pelo qual os organismos vivos obtêm energia, em forma de alimento.

nutriente
  (nu-tri-**en**-te): tudo o que alimenta; substância que se encontra nos alimentos e é indispensável à manutenção das funções vitais do organismo.

obesidade
  (o-be-si-**da**-de): acúmulo excessivo de gordura corporal.

processar
  (pro-ces-**sar**): 1. Submeter um alimento ou material a um processo de transformação física, química ou biológica. 2. Organizar dados em um computador. 3. Mover ação judicial contra alguém.

saciado
  (sa-ci-**a**-do): satisfeito, farto, que se saciou.

LEIA MAIS

Entrevistas: contos de fadas

Carolina Moreyra e Odilon Moraes. São Paulo: Moderna, 2020. Consegue imaginar as personagens dos contos de fadas clássicos contando suas versões sobre o que realmente aconteceu em cada uma de suas histórias? O livro reúne as respostas delas, com exclusividade.

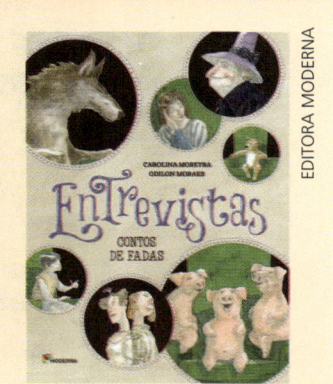

LIÇÃO 14

A LENDA DAS ESTRELAS

VAMOS COMEÇAR!

Você já ouviu alguma história sobre o nascimento das estrelas?

Passe os olhos pelo texto e leia algumas palavras. Observe bem as ilustrações. Que povo parece ter criado esta história?

A lenda das estrelas

Contam os índios bororo que, no começo do mundo, não havia ainda estrelas no céu.

Um dia, as mulheres da tribo foram buscar milho, mas não conseguiram achar muitas espigas. De volta à aldeia, ralaram o milho e prepararam com ele um único mas apetitoso bolo.

As crianças, sentindo aquele cheirinho tentador, vieram provar o quitute.

— Agora não! — disseram as mães. — O bolo não é muito grande e queremos esperar os homens chegarem da caça para repartirmos entre todos.

O menorzinho dos garotos, muito esperto, disse:

— Então por que vocês não vão lá perto do rio? Vi muitas espigas de milho lá!

FABIANA SALOMÃO

238

Era mentira; ele só queria era afastar as mulheres dali. E elas caíram na história; foram todas para a beira do rio, que não era tão perto assim, e deixaram um papagaio para vigiar o bolo.

Aproveitando a ausência das mães, os indiozinhos cortaram a língua do papagaio para ele não gritar. E cada um pegou um pouquinho de bolo para experimentar. Mas era um bolo tão irresistível, que eles foram comendo, comendo, e logo não sobrou migalha de bolo.

E as mulheres estavam voltando, bravas por terem sido enganadas. Então as crianças saíram correndo e, pegando um cipó, chamaram o pássaro piodudu, que é o colibri, e pediram para ele voar bem alto e amarrar a ponta do cipó no céu. O piodudu atendeu o pedido. E as crianças foram subindo, subindo, atravessando as nuvens.

As mulheres chegaram, não viram migalha do bolo e perguntaram ao papagaio o que tinha acontecido. O coitado não podia falar, mas voou até a corda.

Elas correram para lá e foram também subindo, subindo...

Quando estavam quase alcançando o último menino da fila, este cortou com sua faquinha o cipó.

As mulheres caíram na Terra e se machucaram muito.

Os deuses, então, transformaram as crianças em estrelas, que são como olhos condenados a olhar fixamente para a Terra, toda noite, para ver o que aconteceu com suas mães.

Rosane Pamplona. *Histórias de dar água na boca*. São Paulo: Moderna, 2008.

ESTUDO DO TEXTO

1 Você já conhecia alguma história sobre o nascimento das estrelas? Conseguiu perceber, pelas ilustrações, que ela foi criada por um povo indígena?

_____

_____

2 Leia estas informações.

> Os bororos são um povo indígena que vive atualmente no Mato Grosso. A palavra **bororo** quer dizer pátio da aldeia. É que, nas aldeias bororos, as casas são construídas formando um círculo; no centro fica um pátio onde acontecem os rituais e as reuniões dos moradores.

De acordo com a informação acima, qual das imagens mostra uma aldeia bororo?

a) ☐   b) ☐

3 Volte ao texto da página 250 e releia o primeiro parágrafo.

a) Quando aconteceu essa história?

_____

_____

b) Você consegue imaginar que tempo é esse? Explique.

_____

_____

4 As crianças sentiram o cheiro do bolo e queriam prová-lo, mas as mães não deixaram. Por quê?

_____

_____

5 Como as crianças enganaram as mães?

_____

_____

6 No final da história ocorrem fatos que não poderiam acontecer na vida real. Quais são eles?

_____

_____

7 Releia.

> Os deuses, então, transformaram as crianças em estrelas, que são como olhos condenados a olhar fixamente para a Terra, toda noite, para ver o que aconteceu com suas mães.

a) Ao serem transformadas em estrelas, as crianças foram premiadas ou castigadas?

_____

b) Em sua opinião, elas mereceram isso? Por quê?

_____

_____

c) As lendas costumam transmitir algum ensinamento. O que essa lenda ensina às crianças?

_____

_____

8 Releia.

> **Um dia**, as mulheres da aldeia foram buscar milho, mas não conseguiram achar muitas espigas.

Quais destas expressões poderiam ser usadas no lugar de **um dia**? Assinale.

☐ todo dia   ☐ certa vez

☐ certo dia   ☐ era uma vez

9 Quando o bolo ficou pronto, "as crianças, sentindo aquele cheirinho tentador, vieram provar o quitute". Qual destas frases explica corretamente esse trecho da história? Assinale.

☐ As crianças, sentindo aquele cheiro enjoativo, vieram provar alguns doces.

☐ O cheiro do bolo era tão fraco que as crianças acharam melhor prová-lo.

☐ As crianças, sentindo aquele cheiro delicioso, provaram o bolo.

10 Um dos meninos disse às mães que havia muito milho perto do rio, e elas "caíram na história". O que significa **cair em uma história**? Tente descobrir pelo sentido da frase e do texto.

_____

_____

11 Releia.

> As mulheres chegaram, não viram migalha do bolo e perguntaram ao papagaio o que tinha acontecido. O coitado não podia falar, mas voou até a corda. Elas correram para lá e foram também subindo, subindo...

FABIANA SALOMÃO

242

a) Na primeira frase lê-se que as mulheres chegaram à aldeia e perguntaram ao papagaio o que tinha acontecido. O que se conta na terceira frase?

_____

_____

_____

b) Na terceira frase, em vez de se repetir a expressão **as mulheres**, que palavra foi usada?

_____

12 Compare.

I. **As mulheres** chegaram à aldeia e falaram com o papagaio. Depois **as mulheres** correram até a corda.

II. **As mulheres** chegaram à aldeia e falaram com o papagaio. Depois **elas** correram até a corda.

a) Qual é a diferença entre o trecho **I** e o trecho **II**?

_____

_____

_____

b) Se você fosse contar essa história a alguém, falaria como no trecho **I** ou como no trecho **II**? Por quê?

_____

_____

_____

c) Reescreva o trecho abaixo, trocando as expressões destacadas por outras, para evitar repetições.

As crianças sentiram o cheiro gostoso do bolo. Por isso **as crianças** ficaram com vontade de provar o bolo.

_____

_____

_____

ESTUDO DA LÍNGUA

Verbo

Leia estas frases, observando as palavras destacadas:

> As mulheres **fizeram** um bolo.
> Ontem **choveu** na aldeia.
> Essa lenda **é** tão linda!

As palavras **fizeram**, **choveu** e **é** são verbos.

> **Verbo** é uma palavra que indica ação, estado, mudança de estado ou fenômeno da natureza.

Observe como podemos modificar o verbo:

> As mulheres **fazem** um bolo.
> As mulheres **fizeram** um bolo.
> As mulheres **farão** um bolo.

fazem: a ação está no **tempo presente**.

fizeram: a ação está no **tempo passado**.

farão: a ação está no **tempo futuro**.

Agora observe:

> **Eu fiz** um bolo.
> **As mulheres fizeram** um bolo.
> **Eles fizeram** um bolo.

As mudanças, ou flexões, dos verbos indicam, entre outras coisas:

- quem fala (primeira pessoa: eu, nós).
    Exemplo: **eu acordei**;

- com quem se fala (segunda pessoa: tu, você, vós, vocês).
  Exemplo: **você acordou**;
- de quem se fala (terceira pessoa: ele, ela, eles, elas).
  Exemplo: **ela acordou**.

Indicam também se o verbo está no singular ou no plural e se está no passado, no presente ou no futuro.

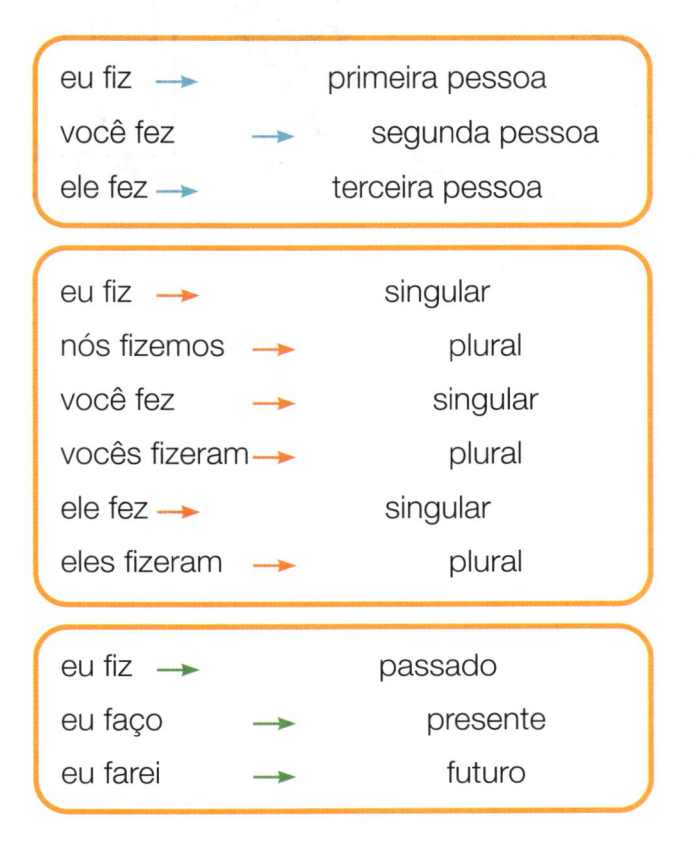

> eu fiz → primeira pessoa
> você fez → segunda pessoa
> ele fez → terceira pessoa

> eu fiz → singular
> nós fizemos → plural
> você fez → singular
> vocês fizeram → plural
> ele fez → singular
> eles fizeram → plural

> eu fiz → passado
> eu faço → presente
> eu farei → futuro

ATIVIDADES

1 Circule os verbos destas frases.

a) A amiga esperou por ela.

b) Você perdeu a prova.

c) Geraldo viajou para Campinas.

d) Os homens discutiram muito.

e) Reginaldo saiu apressadamente.

f) Todos foram à festa de carro.

2 Em que tempo estão os verbos que você circulou na atividade 1?

☐ presente   ☐ passado   ☐ futuro

3 Leia a tirinha.

"NOSSO IDIOMA OFICIAL É O PORTUGUÊS"...

..."MAS CERCA DE 270 LÍNGUAS INDÍGENAS AINDA SÃO FALADAS NO PAÍS"...

..."DAS CERCA DE 1.300 QUE ERAM FALADAS NA ÉPOCA DE CABRAL"...

ARMANDINHO

Alexandre Beck. *Armandinho*. Disponível em: https://tirasarmandinho.tumblr.com/post/116863905289/tirinha-original.
Acesso em: 22 ago. 2022.

a) Sobre o que Armandinho está falando com o pai?

_____

_____

b) Em que lugar ele está coletando essas informações?

_____

_____

_____

c) Copie o verbo presente no primeiro quadrinho.

_____

d) Esse verbo está no singular ou no plural? No presente, no passado ou no futuro?

_____

_____

e) Esse verbo aparece também no segundo quadrinho e terceiro quadrinhos. Identifique-os e preencha a tabela a seguir:

Quadrinho	Verbo	Singular ou plural	Presente, passado ou futuro
2º quadrinho			
3º quadrinho			

f) Agora imagine que Armandinho fará uma previsão sobre a quantidade de línguas indígenas. Complete a frase, utilizando o verbo ser e considerando essa situação:

No futuro, _____

_____

4 Releia este trecho do texto "A lenda das estrelas" e circule todos os verbos.

> As mulheres chegaram, não viram migalha do bolo e perguntaram ao papagaio o que tinha acontecido. O coitado não podia falar, mas voou até a corda.
>
> Elas correram para lá e foram também subindo, subindo...
>
> Quando estavam quase alcançando o último menino da fila, este cortou com sua faquinha o cipó.
>
> As mulheres caíram na Terra e se machucaram muito.
>
> Os deuses, então, transformaram as crianças em estrelas, que são como olhos condenados a olhar fixamente para a Terra, toda noite, para ver o que aconteceu com suas mães.

5 Marque um **X** na resposta.
A maioria dos verbos que você circulou na atividade anterior está no:

☐ presente.   ☐ passado.   ☐ futuro.

Concordância verbal

Leia o esquema abaixo.

singular
Eu **escolhi** livros de aventura.

singular
Maria **escolheu** livros de aventura.
Ela

plural

Nós **escolhemos** livros de aventura.

plural

Maria e Paulo **escolheram** livros de aventura.
Eles

> Os verbos sempre concordam com o termo (palavra ou expressão) ao qual se referem. Desse modo:
> • se a palavra ou expressão a que o verbo se refere estiver no singular, o verbo ficará no singular.
> • se a palavra ou expressão a que o verbo se refere estiver no plural, o verbo deverá ficar plural.

ATIVIDADES

1 A história em quadrinhos que você vai ler a seguir traz os personagens Charlie Brown, dono do Snoopy, e Linus, o melhor amigo de Charlie. Esses personagens foram criados pelo cartunista Charles Schulz.

Charles M. Schulz. *Peanuts completo*: 1959 a 1960. v. 5. Porto Alegre: L&PM, 2012.

Converse com os colegas.

a) Na história em quadrinhos, o personagem Charlie Brown enfrenta um problema. Qual?

b) Para resolver o problema, Linus apresenta uma sugestão a Charlie. Que sugestão é essa?

c) O que você achou da história? E da solução apresentada por Linus ao amigo?

2 Responda.

a) Na frase "É a quarta vez hoje que o vento leva meu boné!", por qual pronome o substantivo **vento** poderia ser substituído?

_____

b) Se em vez da palavra **vento**, no singular, o personagem Charlie Brown tivesse usado a expressão **ventos**, no plural, como ficaria a frase?

_____

_____

_____

c) Além da expressão **os ventos**, que outra palavra da frase mudou? Por quê?

_____

_____

_____

Verbo: conjugações

Todos os verbos apresentam uma forma não conjugada, chamada **infinitivo**.
Para indicar a ação expressa por esse verbo em um tempo determinado, precisamos **conjugá-lo**, ou seja, transformá-lo em um **tempo verbal**.
Para indicar uma ação no presente, utilizamos o tempo verbal **presente**. Exemplo: Antônio **sai** às cinco da manhã.
Infinitivo do verbo: sair
Tempo verbal: presente

Os verbos podem terminar em **ar**, **er**, **ir**.
- Os verbos que terminam em **ar** são da 1ª conjugação: cantar, falar, estudar.
- Os verbos que terminam em **er** são da 2ª conjugação: comer, vender, nascer.
- Os verbos que terminam em **ir** são da 3ª conjugação: partir, fugir, subir.

Os pronomes pessoais **eu**, **tu**, **ele** ou **ela**, **nós**, **vós**, **eles** ou **elas** indicam as pessoas do verbo.

Observe como se conjuga um verbo da **1ª conjugação**.

JOGAR		
presente	passado ou pretérito	futuro
eu jog**o**	eu jog**uei**	eu jog**arei**
tu jog**as**	tu jog**aste**	tu jog**arás**
ele jog**a**	ele jog**ou**	ele jog**ará**
nós jog**amos**	nós jog**amos**	nós jog**aremos**
vós jog**ais**	vós jog**astes**	vós jog**areis**
eles jog**am**	eles jog**aram**	eles jog**arão**

Observe como se conjuga um verbo da **2ª conjugação**.

VIVER		
presente	passado ou pretérito	futuro
eu viv**o**	eu viv**i**	eu viv**erei**
tu viv**es**	tu viv**este**	tu viv**erás**
ele viv**e**	ele viv**eu**	ele viv**erá**
nós viv**emos**	nós viv**emos**	nós viv**eremos**
vós viv**eis**	vós viv**estes**	vós viv**ereis**
eles viv**em**	eles viv**eram**	eles viv**erão**

Atenção! O verbo **pôr** pertence à 2ª conjugação, porque antigamente sua grafia era **poer**. Com o passar do tempo, ele perdeu a vogal **e**, mas continuou a ser um verbo da 2ª conjugação.

Observe como se conjuga um verbo da **3ª conjugação**.

PARTIR		
presente	passado ou pretérito	futuro
eu part**o**	eu part**i**	eu part**irei**
tu part**es**	tu part**iste**	tu part**irás**
ele part**e**	ele part**iu**	ele part**irá**
nós part**imos**	nós part**imos**	nós part**iremos**
vós part**is**	vós part**istes**	vós part**ireis**
eles part**em**	eles part**iram**	eles part**irão**

ATIVIDADES

1 Classifique estes verbos, escrevendo-os na coluna adequada.

cumprir – andar – reunir – pedir – fazer – telefonar – separar – abrir – pintar – ler – beber – imitar – subir – vender – resolver

1ª conjugação	2ª conjugação	3ª conjugação

2 Dê exemplos de verbos da 1ª conjugação, da 2ª conjugação e da 3ª conjugação.

_____

_____

_____

_____

3 Sublinhe e classifique os verbos de acordo com os tempos em que se encontram: presente, passado ou futuro.

a) O homem pensa, resolve e fala. _____

b) Clarice sentiu-se orgulhosa do filho. _____

c) Como o senhor sabe de tudo? _____

d) Eu sairei esta noite. _____

e) Nós vimos o arco-íris. _____

f) Os meninos comprarão livros. _____

4 Complete o quadro, seguindo o modelo.

	verbo	conjugação
vendeis	vender	2ª conjugação
amo		
partes		
sairei		
escrevestes		

5 Complete as frases, modificando os verbos destacados de acordo com as pessoas.
Ela **estudou** ontem, **estuda** hoje, **estudará** amanhã.

a) Eles _____ ontem, _____ hoje, _____ amanhã.

b) Eu _____ ontem, _____ hoje, _____ amanhã.

c) Nós _____ ontem, _____ hoje, _____ amanhã.

6 Observe as terminações do verbo **jogar**, na página 265, e escreva a pessoa e o tempo dos verbos conjugados abaixo.

andas _____

trabalham _____

fechei _____

respiraram _____

telefonarás _____

brinco _____

falou _____

comprareis _____

7 Conjugue os verbos abaixo em todas as pessoas.

eu brinco	tu amas	ele trabalha
nós	ele	vós
tu	eles	eu
vós	eu	tu
ele	nós	eles
eles	vós	nós

8 Complete as frases com os verbos entre parênteses nos tempos pedidos.

a) Nós _____ nossos pais. (amar – presente)

b) Eu _____ de você. (gostar – futuro)

c) Elas _____ o quadro. (apagar – passado)

d) Amanhã, eles _____ uma festa. (dar – futuro)

9 Conjugue o verbo **estudar** nos tempos e pessoas pedidos. Observe o modelo.

presente

1ª pessoa do plural: nós estudamos muito

2ª pessoa do plural: _____

3ª pessoa do singular: _____

pretérito

1ª pessoa do singular: _____

2ª pessoa do singular: _____

3ª pessoa do plural: _____

futuro

1ª pessoa do plural: _____

2ª pessoa do plural: _____

3ª pessoa do singular: _____

10 Passe a frase abaixo para o presente e depois para o futuro.
Os deuses transformaram as crianças em estrelas.

_____

_____

11 Complete as frases com o verbo entre parênteses, no passado.

a) Ontem à noite _____ muito. (chover)

b) Ana _____ de casa faz duas horas. (sair)

c) Perguntei ao funcionário por que o preço _____. (subir)

d) O motorista _____ a porta do ônibus e eu entrei. (abrir)

12 Acompanhe, no texto a seguir, como é o dia a dia de Antônio.

Contação de histórias apresenta origens indígenas do Brasil

A sociedade de hoje deve muito aos saberes ancestrais, construídos pelos indígenas. A partir das experiências cotidianas, eles chegaram a conhecimentos que foram repassados oralmente para as gerações seguintes. A fim de não deixar esse aspecto rico da cultura se perder, o Espaço do Conhecimento UFMG realiza a atividade Histórias das Aldeias no próximo domingo, 2 de junho.

Narrativas que embasam a vida de algumas comunidades serão contadas aos visitantes, como a dos Guarani-Mbyá, que acreditam no deus Nnhamandu e seu esforço para formação do mundo. Já os Apinajé, habitantes da região central do Brasil, creem na Mulher Estrela, que desceu do céu para ensinar aos indígenas a se alimentarem de produtos da terra. Essas e outras histórias serão contadas como forma de valorização dessas culturas a partir das 15h.

A classificação indicativa é livre. Para participar, é preciso retirar senha na recepção do Espaço.

Disponível em: https://ufmg.br/comunicacao/eventos/contacao-de-historias-apresenta-origens-indigenas-do-brasil. Acesso em: 22 ago. 2022.

a) Responda às seguintes perguntas:
- Que fato está sendo noticiado?

_____

_____

- Qual é o objetivo da realização desse evento?

- Você também acha importante eventos de contação de histórias? Por quê?

b) Localize todos os verbos do segundo parágrafo da notícia e copie-os.

c) Existe algum verbo que não está conjugado? Se sim, quais?

d) Em que tempo estão os verbos que você localizou no texto?

UM TEXTO PUXA OUTRO

Você conheceu uma lenda do povo bororo. Saiba um pouco mais sobre outro grupo indígena, os tupinambá.

Como era a vida dos povos indígenas brasileiros?

Cada povo indígena tinha seus próprios costumes e modos de vida quando os portugueses chegaram ao Brasil. Nesta reportagem, vamos mostrar como viviam os tupinambá, que habitavam toda a costa na época do Descobrimento. […]

Lavando a alma

Os tupi da costa se banhavam praticamente com a mesma frequência com que encaramos o chuveiro hoje — aliás, nossa higiene atual é herança indígena, não europeia. O contato com a água acontecia desde cedo — os rios eram locais de brincadeiras para as crianças. […]

Aldeia Tupinambá, gravura de Theodore de Bry, 1562.

Comes e bebes

O "arroz com feijão" dos tupinambá era milho, carne de caça, pesca, frutas e tubérculos. [...]

Pet shop

Os tupinambá também tinham animais domésticos, chamados de xerimbabos ("minha coisa querida", em tupi). Os animais serviam para embelezar, como as araras, os tucanos e até os periquitos, ou para mostrar respeito à natureza — filhotes de macacos, por exemplo, eram adotados pela aldeia caso sua família tivesse sido morta por caçadores.

[...]

Trabalho dividido

A divisão de tarefas dependia do sexo e da idade. As mulheres preparavam alimentos, faziam artefatos e outras atividades internas, enquanto os homens cuidavam da parte externa. Algumas das funções masculinas eram guerrear, caçar e fazer "um social" com outras aldeias. A sociedade era comandada pelos mais velhos, de quem partiam as decisões em relação ao grupo.

Fonte: Danilo Cezar Cabral. *Super Interessante*. Disponível em: https://abr.ai/2ueATyN.
Acesso em: 30 ago. 2022.

1 Assinale a resposta certa.

O assunto do texto é:

☐ A vida nas aldeias bororo atualmente.

☐ A vida dos bororo no tempo em que os portugueses chegaram ao Brasil.

☐ A vida nas aldeias tupinambá atualmente.

☐ A vida dos tupinambá no tempo em que os portugueses chegaram ao Brasil.

2 De acordo com o texto, qual é a origem de nosso costume de tomar banho todo dia?

_____

_____

_____

3 Que outras questões culturais este texto nos apresenta, além da criação de lendas que já havíamos visto no início da lição?

PRODUÇÃO DE TEXTO

Você criará um final diferente para uma lenda indígena. Depois, vai ler seu texto para alguns colegas.

Preparação

Leia com um colega a lenda do povo indígena ikolen-gavião, que vive em Rondônia. Nessa lenda, um garotinho consegue fazer o céu se afastar da Terra disparando flechadas. Você vai inventar um final diferente para essa história.

O céu ameaça a terra

Meninos e meninas do povo ikolen-gavião, de Rondônia, sentam-se à noite ao redor da fogueira e olham o céu estrelado. Estão maravilhados, mas têm medo: um velho pajé acaba de contar como, antigamente, o céu quase esmagou a Terra.

Era muito antes dos avós dos avós dos meninos, era no começo dos tempos. A humanidade esteve por um fio: podia ser o fim do mundo. Nessa época, o céu ficava muito longe da Terra, mal dava para ver seu azul.

Um dia, ouviu-se trovejar, com estrondo ensurdecedor. O céu começou a tremer e, bem devagarinho, foi caindo, caindo. Homens, mulheres e crianças mal conseguiam ficar em pé e fugiam apavorados para debaixo das árvores ou para dentro de tocas. Só coqueiros e mamoeiros seguravam o céu, servindo de esteios, impedindo-o de colar-se à Terra. Talvez as pessoas, apesar do medo, estivessem experimentando tocar o céu com as mãos...

Nisso, um menino de 5 anos pegou algumas penas de nambu [...] e fez flechas. Crianças dos ikolens não podem comer essa espécie de nambu, senão ficam aleijadas. Era um nambu redondinho, como a abóbada celeste.

O céu era duríssimo, mas o menino esperto atirou suas flechas adornadas com plumas de mawir. Espanto e alívio! A cada flechada do garotinho, o céu subia um bom pedaço. Foram três, até o céu ficar como é hoje.

Em muitos outros povos indígenas, do Brasil e do mundo, há narrativas parecidas ou diferentes sobre o mesmo assunto. Fazem-nos pensar por que céu e Terra estão separados agora... O povo tupari, de Rondônia, por exemplo, conta que era a árvore do amendoim que segurava o céu. (Bem antigamente, dizem, o amendoim crescia em árvore, em vez de ser planta rasteira.)

Antes de o céu subir para bem longe, os ikolens podiam deixar a Terra e ir morar no alto. Iam sempre que ficavam aborrecidos com alguém, ou brigavam entre si, e subiam por uma escada de cipó. Gorá, o criador da humanidade, cansou de ver tanta gente indo embora e cortou o cipó, para a Terra não se esvaziar demais.

Betty Mindlin. Revista *Nova Escola*. São Paulo: Abril. Edição especial.
Disponível em: https://bit.ly/2m3omKT. Acesso em: 20 ago. 2022.

Escrita

Siga estas orientações:
- Crie um personagem. Pode ser uma menina, um menino, um adulto ou mesmo um animal.
- Esse personagem vai ser esperto e corajoso como o menino da lenda dos ikolens. E vai dar um jeito de o céu não esmagar a Terra.
- Nas lendas, acontecem coisas que não aconteceriam na vida real: as pessoas e os animais se transformam em outros seres, os animais podem falar etc. Então use esse recurso em seu texto.

Revisão

Quando terminar o texto, veja se:
- o final que você inventou combina com o começo da história;
- as palavras estão escritas corretamente.

Corrija ou escreva de novo o que for necessário e entregue o texto ao professor.

O professor vai juntar as duplas, formando grupos de seis ou oito alunos. Cada dupla lê seu texto para os colegas do grupo.

AMPLIANDO O VOCABULÁRIO

abóbada celeste

(a-**bó**-ba-da ce-**les**-te): expressão que corresponde ao espaço do céu que se enxerga da Terra.

adornado

(a-dor-**na**-da): enfeitado.

apetitoso

(a-pe-ti-**to**-so): saboroso, gostoso.

ausência

(au-**sên**-cia): afastamento.

colibri

(co-li-**bri**): espécie de pássaro.

condenado

(con-de-**na**-do): obrigado a fazer alguma coisa.

ensurdecedor

(en-sur-de-ce-**dor**): que faz perder a audição.

esteio

(es-**tei**-o): arrimo, sustentáculo.

estrondo

(es-**tron**-do): barulho alto e forte.

fixamente

(fi-xa-**men**-te): sem se desviar, de modo imóvel.

mawir: nambu.

migalha

(mi-**ga**-lha): resto, pedaço.

nambu

(nam-**bu**): espécie de ave.

quitute

(qui-**tu**-te): comida, iguaria.

tentador

(ten-ta-**dor**): difícil de recusar.

LEIA MAIS

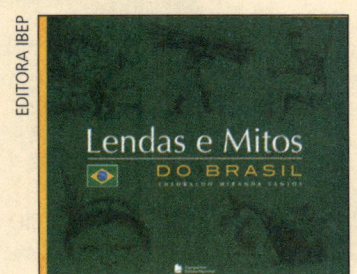

Lendas e Mitos do Brasil

Theobaldo Miranda Santos. São Paulo: Ibep, 2013.

Esse livro traz muitos personagens do nosso folclore e lendas de várias regiões do Brasil, repletas de encanto e fantasia. São histórias em que humanos vivem embaixo d'água ou se transformam em serpentes, pássaros e botos. Outras trazem um pouco da história dos escravos, dos reis e dos bandeirantes.

Quando os Bichos Eram Gente

Hernâni Donato. São Paulo: Melhoramentos, 2010.

Nesta obra, que faz parte da coleção Lendas Indígenas, você vai poder acompanhar narrativas que explicam muitas coisas como a criação dos animais, a descoberta dos alimentos e o controle do fogo.

A lenda do guaraná: mais três histórias indígenas

Ciça Fittipaldi. São Paulo: Melhoramentos, 2014.

Uma das lendas indígenas mais famosas, a lenda do guaraná, abre a sequência de três narrativas indígenas presentes nessa obra que contém lindas ilustrações.

Depois do ovo, a guerra

Ana Carvalho. São Paulo: Sesi-SP, 2018.

Da coleção Um Dia na Aldeia, o livro trata da guerra e da cultura das crianças Panará que revivem, em suas brincadeiras, a antiga guerra de seu povo contra os Txucarramãe, seus velhos inimigos. Os meninos da aldeia pintam o corpo, cortam os cabelos, fabricam as armas para celebrar a história, que se torna presente.

A lenda da Vitória Régia

Ministério da Educação: Disponível em: http://alfabetizacao.mec.gov.br/images/conta-pra-mim/livros/versao_digital/vitoria_regia_versao_digital.pdf. Acesso em: 22 ago. 2022.

LIÇÃO 15 — NO PAÍS DOS PREQUETÉS

VAMOS COMEÇAR!

Você vai ler um texto teatral ou dramático. Sua estrutura é bastante diferente da de outros textos que você já leu, porque é escrito para ser encenado. Antes de encenar uma peça teatral, os atores realizam, em conjunto, diversas leituras interpretativas do texto que apresentarão.

Que tal você fazer uma leitura interpretativa? Como o nome já diz, trata-se de uma leitura com entonação, pausas (quando necessário), muito semelhante à que o ator fará durante a apresentação da peça. E então, aceita?

Organizem-se fazendo, primeiramente, um grande círculo e sentando-se em roda. Em seguida, todos leem silenciosamente o texto para tomar conhecimento da peça: uma comédia, escrita por Ana Maria Machado.

Depois, o professor, com a ajuda da turma, escolhe três alunos que gostam de ler em voz alta para fazer a leitura interpretativa. Cada um lê, com clareza e entonação, as falas de determinado personagem. Os leitores devem ficar atentos às recomendações entre parênteses e também tentar imaginar que estão no lugar onde se passam as ações da história.

Antes de iniciar, o professor apresenta a peça: o título, as informações sobre a estrutura e o nome dos personagens. Em seguida, os leitores escolhidos começam a leitura interpretativa.

No país dos prequetés

Peça em um ato, para bonecos e atores.
Personagens
— Crianças: Nita, Chico, Lucinha, Zé e Juca
(Quando as luzes vão se acendendo, Juca, Zé, Lucinha, Chico e Nita estão começando sua brincadeira, e vão subindo o tom de voz na medida em que a luz vai ficando mais forte.)
JUCA — Bento-que-bento-é-o-frade!
TODOS — Frade!
JUCA — Na boca do forno!
JUCA — Cozinhando um bolo!
TODOS — Bolo!
JUCA — Fareis tudo que seu mestre mandar?

TODOS — Faremos todos!
JUCA — E quem não fizer?
TODOS — Levará um bolo...
JUCA — Então... *(hesita e pensa)* cada um imita um bicho sem barulho...
(Todos começam a cumprir as ordens. Zé faz logo um macaco, imediatamente reconhecível. Enquanto é cumprimentado por Juca, os outros vão aos poucos prosseguindo e sendo identificados.)
JUCA — Isso, Zé. Seu macaco está mesmo bem macacal. E foi o primeiro. Ganhou.
ZÉ — Agora é minha vez de ser o mestre.

JUCA — É... mas, calma. Ainda faltam os outros. Olhe ali o Chico dando uma de galo. E Lucinha parece uma pata, meio esquisita. Que é isso, hein, Lucinha?
LUCINHA – É uma pata-choca. Daquelas bem chocas mesmo. De choquice chocolatada.
ZÉ *(implicante)* — Chocante!
JUCA — Não brinca, Zé. Serve, Lucinha. E você, Nita? Não tá fazendo nada?
(Todos ficam quietos e olham para Nita.)
NITA — Puxa, vocês não são mesmo capazes de adivinhar, é? É mesmo um bando de gente de cabeça enferrujada. Eu já ganhei, porque sou a única que estou mesmo fazendo tudo o que seu mestre mandou – um bicho sem barulho. Macaco é um bicho bem barulhento. Vive guinchando assim, ó... *(imita, com muitos guinchos)*. E o galo é outro. Todo dia a gente ouve a cantoria dele *(imita)*. E pata--choca, com todo esse quem-quem-quem... quer bicho mais cheio de barulho?
JUCA — Ninguém fez barulho, Nita...
NITA — Ah, é, bebé? Mas também ninguém fez bicho sem barulho que nem você pediu... Só eu. Fiz um, não. Fiz uma porção de bichos.
ZÉ — Fez coisa nenhuma. Você só ficou foi bem paradinha aí. Nem se mexeu.
NITA — E vocês não sabem descobrir bicho que não faz barulho e fica

paradinho? Tem bicho-pau... tem ostra... tem tudo quanto é tipo de marisco... Tem jiboia quando tá jiboiando...

(Todos se olham meio espantados, como se não soubessem o que dizer.)

[...]

JUCA — Ai, Nita... Que que é desta vez?

NITA — É esse negócio de mandar, mandar e a gente fazer. Fazer tudo o que seu mestre mandar. Tudo o que manda el-rei, obedecendo, obedecendo sem cansar. Mas acho que cansei.

JUCA — Obedecer sempre é mesmo chato. Mas às vezes a gente também manda.

NITA — Não, não sei. Não é bem assim. O que eu estou pensando é que não está certo essa história de alguém mandar sempre e uma porção de gente ter que obedecer sempre.

LUCINHA — Mas todo mundo faz isso.

NITA — Não sei. Não conheço todo o mundo. Acho que vou sair por aí para conhecer e ficar sabendo como é que é.

[...]

JUCA — Resolvida?
NITA — Resolvida.
JUCA — Então, tchau. Muito boa viagem.
NITA — Tchau.
(Vão saindo todos.)
[...]

Ana Maria Machado. *Hoje tem espetáculo*. Rio de Janeiro: Alfaguara, 2013. p. 87-100.

ESTUDO DO TEXTO

1 Os personagens da peça teatral brincam de bento-que-bento-é-o-frade.

   a) Você sabe que brincadeira é essa? Já brincou?

   b) Qual é o papel do mestre nessa brincadeira?

2 Releia esta fala de Juca.

> JUCA — Então... *(hesita e pensa)* cada um imita um bicho sem barulho...

a) O que indica a informação entre parênteses?

_____
_____
_____

b) Para quem essa informação é importante?

☐ Para o ator que representa o personagem Juca.

☐ Para o espectador que assiste à apresentação da peça.

> No texto teatral, geralmente não há narrador. Há, sim, **marcações** ou **rubricas**, isto é, indicações que sugerem como o ator deve interpretar determinada fala ou que orientam os movimentos do(s) ator(es) no palco.
> Essas orientações vêm destacadas entre parênteses ou colchetes, e as palavras podem estar em itálico ou em maiúsculas.

c) Volte ao texto "No país dos prequetés" e copie nas linhas abaixo uma marcação ou rubrica que:

- oriente, ao mesmo tempo, a interpretação e o movimento dos atores.

_____
_____
_____

- contenha orientações para a encenação, como indicações de cenário.

_____
_____
_____
_____

3 A ordem do mestre não foi compreendida da mesma forma por todos os participantes da brincadeira.

   a) Como Lucinha, Zé e Chico compreenderam a ordem?

   _____

   _____

   b) Como Nita compreendeu a ordem do mestre?

   _____

   _____

4 A brincadeira das crianças leva Nita a refletir sobre algo que a incomoda.

   a) O que incomoda essa personagem?

   _____

   _____

   b) O que Juca pensa a respeito dessa reflexão de Nita?

   ☐ Ele concorda com Nita, porque também não gosta de obedecer.

   ☐ Ele não se importa porque ele sempre dá as ordens.

   ☐ Ele reconhece que, na vida, os papéis se alternam: ora alguém manda e você obedece, ora você manda e alguém obedece.

5 Observe a seguir a diferença no modo como a autora da peça teatral, Ana Maria Machado, e o personagem Juca empregam a língua, embora ambos se refiram à mesma situação: a imitação de Zé.

> (Todos começam a cumprir as ordens. Zé faz logo <u>um macaco, imediatamente reconhecível</u>. [...])
>
> JUCA — Isso, Zé. Seu <u>macaco está mesmo bem macacal</u> [...]

Os falantes de uma língua a utilizam de acordo com a situação em que se encontram (mais formal ou menos formal).

b) Em sua opinião, se Juca dissesse: "Parabéns, Zé. Seu macaco é claramente reconhecível", ele conseguiria o mesmo efeito de humor? Justifique sua opinião.

_____

_____

_____

6 Muitas palavras podem apresentar diversos significados dependendo da situação em que são empregadas. O substantivo **bolo**, por exemplo, pode ser interpretado de várias maneiras. Veja:

> JUCA — Bento-que-bento-é-o-frade!
> TODOS — Frade!
> JUCA — Na boca do forno!
> JUCA — Cozinhando um bolo!
> TODOS — Bolo!
> JUCA — Fareis tudo que seu mestre mandar?
> TODOS — Faremos todos!
> JUCA — E quem não fizer?
> TODOS — Levará um bolo...

Nesse trecho da peça, a palavra **bolo** significa "palmada", uma vez que quem não cumprisse o que o mestre ordenava sofria uma punição. Relacione cada uma das frases a um significado expresso pelo substantivo **bolo**.

a) Marcela me deu bolo, não compareceu ao nosso encontro.

b) Bolo de chocolate é muito bom.

c) Tinha um bolo de gente na rua esperando o resultado do jogo.

d) Cuidado, deu bolo, ela descobriu todo nosso plano!

☐ Resultar em confusão.

☐ Amontoado de pessoas.

☐ Faltar a um compromisso.

☐ Alimento feito de farinha, salgado ou doce, assado em formas ou tabuleiros.

7 Das alternativas abaixo, quais podem exemplificar a utilização de recursos como entonação, gestos e expressões faciais para facilitar a compreensão do texto lido?

☐ "Vive guinchando assim, ó... *(imita, com muitos guinchos)*."

☐ "— É uma pata-choca. Daquelas bem chocas mesmo. De choquice chocolatada."

☐ "E o galo é outro. Todo dia a gente ouve a cantoria dele *(imita)*."

☐ "Você só ficou foi bem paradinha aí. Nem se mexeu."

8 Leia abaixo uma fala da personagem Nita.

> NITA – Puxa, vocês não são mesmo capazes de adivinhar, é? É mesmo um bando de gente de cabeça enferrujada.

a) Em que momento ela usa essa fala?

b) Para você, o que significa a expressão "bando de gente de cabeça enferrujada"?

c) Essa expressão é própria da linguagem formal ou da linguagem informal?

d) Que outra frase poderia ser usada para substituir "É mesmo um bando de gente de cabeça enferrujada"?

EU GOSTO DE APRENDER MAIS

Agora que você já conhece um pouco sobre o texto teatral, pode ainda se perguntar: há quanto tempo existem os textos teatrais? Quais são os autores mais famosos desses textos?

ANDREY BURMAKIN

Máscaras que geralmente representam dois gêneros teatrais: a comédia (riso, alegria) e a tragédia (tristeza, choro).

Na Grécia Antiga, por volta do século VI a.C., o ser humano já se preocupava em ter um espaço especial onde, por meio da encenação ao vivo, fosse possível provocar na plateia o riso, o choro, a reflexão sobre sua vida. Desse período, destacam-se dois grandes autores de textos teatrais: Ésquilo, autor de tragédias, e Aristófones, autor de comédias.

Bem mais tarde, entre os séculos XV e XVI, surgiu a *commedia dell'arte* – um teatro popular em que os atores improvisavam suas falas a partir de um roteiro. Alguns personagens desse teatro sobrevivem até hoje, como o Arlequim, o Polichinelo, a Colombina (jovem namoradeira) e o Pantaleão (comerciante).

Também no século XVI, o teatro inglês teve seu período áureo com William Shakespeare, autor de *Romeu e Julieta* – uma das histórias de amor mais famosas de todos os tempos. Além de escrever e dirigir, Shakespeare também atuava em suas peças, que ainda hoje emocionam plateias no mundo todo.

No Brasil, o teatro teve início no século XVI, com padre José de Anchieta. O religioso escrevia peças sobre temas religiosos com a finalidade de catequizar os indígenas. Desde aquela época, muitos foram os nomes importantes da literatura que se dedicaram ao texto dramático (comédia também é texto dramático). São famosas, em nossos dias, peças de importantes autores, como Jorge de Andrade, Ariano Suassuna, Dias Gomes, entre outros.

FRANCESCO ABRIGNANI

Arlequim, personagem típico da *commedia dell'arte*.

271

UM TEXTO PUXA OUTRO

Você já viu que as peças de teatro foram escritas para serem encenadas. Observe, agora, um cartaz que divulga uma dessas apresentações.

Chapeuzinho Vermelho
Cia Voir de Teatro

Teatro Municipal
"Sylvia de Alencar Matheus"
Rua Monteiro de Barros, 101, Centro, Vinhedo/SP

07 de novembro, às 16h

PREFEITURA DE VINHEDO/SP

Cartaz de peça teatral veiculado pela Prefeitura de Vinhedo, SP.

1 Qual é o título da peça teatral que está sendo divulgada nesse cartaz?

_____

_____

2 Quais elementos visuais se relacionam com o título da peça?

_____
_____

3 Qual é a Companhia de Teatro que irá apresentá-la?

_____

4 Onde será a apresentação?

_____
_____

5 Quando ela acontecerá?

_____

6 Que emoção a expressão facial da atriz revela?

_____

7 Utilize seus conhecimentos sobre a história e tente adivinhar qual cena estaria sendo representada naquele momento.

_____
_____

8 As expressões faciais são importantes nas apresentações de teatro. Assinale as alternativas que também correspondem a elementos que os atores devem prestar atenção para uma boa peça.

☐ Tom de voz.

☐ O que o público está cochichando.

☐ Gestos.

☐ Expressão corporal.

273

9 Leia este trechinho da história "Chapeuzinho Vermelho".

> [...]
> – Bom dia, Chapeuzinho Vermelho! – o lobo cumprimentou.
> – Bom dia, Senhor Lobo – ela respondeu.
> – Para onde você vai?
> – Estou indo visitar minha vovó, porque ela não está se sentindo bem.
> – O que você tem aí dentro da cesta? – perguntou o lobo.
> – Eu tenho pães, manteiga, bolo e frutas para levar para minha vó!
> [...]
>
> Disponível em: https://www.historiaparadormir.com.br/chapeuzinho-vermelho/.
> Acesso em: 22 ago. 2022.

a) O que está sendo apresentado no trecho?

_____

b) Esse texto está no:

☐ discurso indireto. ☐ discurso direto.

c) Que sinal de pontuação indica esse tipo de discurso?

_____

d) Em um texto teatral, as falas aparecem dessa forma? Explique.

_____

_____

e) Transforme esse pequeno diálogo em um trecho de texto teatral, utilizando a sua resposta anterior.

_____

_____

_____

_____

_____

ESTUDO DA LÍNGUA

Pontuação: vírgula

A vírgula é um sinal de pontuação que exerce várias funções na língua portuguesa, por isso aparece em diferentes situações. Veja alguns casos:

- separar, nas datas, o nome da localidade: Minas Gerais, 26 de julho de 2018.
- separar elementos de uma enumeração: Júlia conhece alguns estados brasileiros: Amazonas, Pará, Piauí e Maranhão.
- separar o vocativo, que é um chamamento: Luís, vamos conversar?

ATIVIDADES

1 Em textos, é comum encontrarmos palavras que aparecem enumeradas. Releia um trecho do texto teatral "No país dos prequetés".

> *(Quando as luzes vão se acendendo, Juca, Zé, Lucinha, Chico e Nita estão começando sua brincadeira, e vão subindo o tom de voz na medida em que a luz vai ficando mais forte.)*

a) Copie do trecho acima as palavras que aparecem enumeradas, ou seja, designadas uma por uma.

b) Essa sequência de palavras está separada por qual sinal de pontuação?

c) Volte ao texto "No país dos prequetés", página 236, e copie mais um exemplo de termos que estejam enumerados e separados por vírgulas.

2 Compare estas duas frases:

> De quem é o cachorrinho Bilu?

> De quem é o cachorrinho, Bilu?

a) Qual é a diferença de sentido entre elas? Converse com o professor e com os colegas.

b) O que causou essa diferença de sentido?

ORTOGRAFIA

Palavras com r (entre vogais) e rr

Leia estas palavras em voz alta. Preste atenção ao som do **r**:

> Cordeiro   desaforo   furioso

> Córrego   horrendo   corre

> O **rr** em córrego tem o mesmo som que o **r** em desaforo?

> O **r** entre vogais tem som fraco.
> O **rr** entre vogais tem som forte.

Atenção! Não se iniciam palavras com **rr**. Ao separar as sílabas de palavras escritas com **rr**, cada **r** fica em uma sílaba.

Palavras com r em final de sílaba

Leia estas palavras:

> irmão   força   turvar
> senho**r**   to**r**ce**r**   a**r**gumentos

- Nessas palavras, o **r** tem o mesmo som que em **porta** ou que em **errado**?

_____

> Quando está em final de sílaba, o **r** tem o mesmo som que em **turma**. Exemplos: arte, porto, conter.

ATIVIDADES

1 Complete estas palavras com r ou rr .

ciga____a   a____oz   tesou____a

ca____acol   ga____oto   cou____o

pa___aíso　　　　ba___iga　　　　ama___ar

a___epio　　　　gue___a　　　　ba___ata

xíca___a　　　　ma___ido　　　　besou___o

fe___o　　　　fe___ugem　　　　maca___ão

2 Forme novas palavras colocando (r) no final de uma das sílabas de cada palavra.

foca _____　　　　lago _____

pata _____　　　　amar _____

baba _____　　　　maca _____

uso _____　　　　cota _____

3 Ordene as sílabas e forme palavras.

ta-ar-tis _____　　　　to-per _____

tar-cer-en-de _____　　　　ti-car-lha _____

do-bor-da _____　　　　ber-co-ta _____

var-co-de _____　　　　gu-ra-lar _____

va-lho-or _____　　　　tu-cho-car _____

ra-ber-tu-a _____　　　　per-te-es-za _____

4 Leia com atenção as palavras abaixo.

árvore	forno	curto	urso	circo
curso	verdura	irmão	formiga	corda
cair	barco	correr	escrever	curva
argola	vermelho	sorrir	martelo	borboleta

Agora, escreva-as no quadro certo.

ar		
er		
ir		
or		
ur		

277

PRODUÇÃO DE TEXTO

Junte-se a um colega para que, em dupla, produzam um texto teatral a partir de uma fábula.

Preparação

Inicialmente, leiam a fábula a seguir.

A raposa e o corvo

Um dia um corvo estava pousado no galho de uma árvore com um pedaço de queijo no bico quando passou uma raposa. Vendo o corvo com o queijo, a raposa logo começou a matutar um jeito de se apoderar do queijo. Com esta ideia na cabeça, foi para debaixo da árvore, olhou para cima e disse:

– Que pássaro magnífico avisto nessa árvore! Que beleza estonteante! Que cores maravilhosas! Será que ele tem uma voz suave para combinar com tanta beleza? Se tiver, não há dúvida de que deve ser proclamado rei dos pássaros.

Ouvindo aquilo o corvo ficou que era pura vaidade. Para mostrar à raposa que sabia cantar, abriu o bico e soltou um sonoro "Cróóó!". O queijo veio abaixo, claro, e a raposa abocanhou ligeiro aquela delícia, dizendo:

– Olhe, meu senhor, estou vendo que voz o senhor tem. O que não tem é inteligência!

Moral: Cuidado com quem muito elogia.

Esopo. *Fábulas de Esopo*. Adaptação de Russel Ash e Bernard Higton. Tradução de Heloisa Jahn. São Paulo: Companhia das Letrinhas, 2014. p. 61.

Agora, respondam.

- Quais personagens participam da fábula?

- Em que situação se encontrava o corvo, no início do texto?

- Qual era a ideia inicial da raposa?

- Como a raposa alcançou seu objetivo?

_____
_____
_____
_____
_____
_____

Em uma representação teatral, os pensamentos da personagem não podem ser percebidos, a menos que ela fale sobre eles com o público.

Veja, por exemplo, como poderia ficar o texto teatral se a intenção fosse expressar o pensamento da raposa da fábula:

> RAPOSA — Hum, esse queijo deve estar uma delícia! Como eu gostaria de saboreá-lo. Ah, eu pego esse corvo!

- Escolha a melhor marcação ou rubrica para indicar que a raposa deve ficar em frente à arvore onde está o corvo.

☐ *(A raposa aproxima-se da árvore onde se encontra o corvo.)*

☐ *(A raposa aproxima-se da árvore onde se encontra o corvo e conversa com ele.)*

☐ *(A raposa aproxima-se da árvore onde se encontra o corvo e dirige-se a ele com falsidade.)*

Planejamento e escrita

Agora chegou o momento de transformar a fábula que vocês leram em um texto teatral. Antes de começar a escrever, sigam algumas orientações:

- Selecionem as falas dos personagens que vão fazer parte da peça. Lembrem-se de que no teatro os personagens encenam (falam e fazem gestos e movimentos para uma plateia).
- Construam uma rubrica ou marcação para apresentar a entrada em cena do corvo e da raposa. Releiam, a seguir, a rubrica que descreve como os personagens da peça "No país dos prequetés" são apresentados ao espectador.

> *(Quando as luzes vão se acendendo, Juca, Zé, Lucinha, Chico e Nita estão começando sua brincadeira, e vão subindo o tom de voz na medida em que a luz vai ficando mais forte.)*

- Não se esqueçam da fala da raposa e da marcação que indica para onde ela se dirige.
- Escrevam uma ou mais falas da raposa para o corvo e outra fala em que ela se dirige à plateia, comentando sobre sua esperteza. Nesta, em especial, não se esqueçam de acrescentar a rubrica, destacando esse gesto da personagem.
- Construam uma rubrica para que o corvo mostre, com seus movimentos, que ele está orgulhoso com os elogios da raposa e, nesse "balé", ele perde o queijo.
- Escreva uma fala da raposa sobre a tolice do corvo.
- Faça uma rubrica para explicar como a raposa deve se apropriar do queijo e sair de cena.

Revisão e reescrita

Depois de finalizada a adaptação, formem pequenos grupos para revisar os textos um do outro. Observem, no texto dos colegas, se:

- o conteúdo da fábula foi expresso pelas falas da raposa e pelas orientações dadas nas rubricas;
- os pontos-finais, de interrogação, de exclamação e vírgula foram empregados corretamente;
- no diálogo entre os personagens (discurso direto) foram usados travessões;
- os artigos e os adjetivos estão em concordância com os substantivos aos quais se referem;
- as regras de ortografia e acentuação foram obedecidas.

Apresentação

Escolham os colegas que querem encenar as apresentações e apresentem-nas aos alunos do 1º e 2º ano.

Os colegas que não estiverem encenando podem atuar como avaliadores ou fazer parte da equipe técnica, verificando se:

- foi possível encenar a fábula a partir da adaptação feita pela dupla;
- quem assistiu à peça reconheceu que a raposa era esperta e que o corvo era vaidoso.

AMPLIANDO O VOCABULÁRIO

encenar
(en-ce-**nar**): representar, interpretar um personagem.

estonteante
(es-ton-te-**an**-te): deslumbrante.

guinchar
(**guin**-char): dar guinhchos (som emitido pelos macacos).

hesitar
(he-si-**tar**): demonstrar dúvida, indecisão, receio.

matutar
(ma-tu-**tar**): pensar em; cismar; meditar.

LEIA MAIS

Hoje tem espetáculo

Ana Maria Machado. Rio de Janeiro: Alfaguara, 2013.

Nesse livro, Ana Maria Machado apresenta duas peças teatrais – As cartas não mentem jamais e No país dos prequetés –, ricamente ilustradas por Simone Matias. A primeira peça, além de discutir o preconceito, valoriza a integração entre diferentes culturas. Em No país dos prequetés, o leitor viaja com Nita e descobre com ela que é saudável estar aberto a novas ideias.

Fábulas de Esopo

Esopo. Adaptação de Russel Ash e Bernard Higton. Tradução de Heloisa Jahn. São Paulo: Companhia das Letrinhas, 2014.

Nesse livro há 53 fábulas de Esopo que nos fazem refletir sobre comportamentos e atitudes do dia a dia.

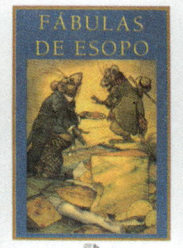

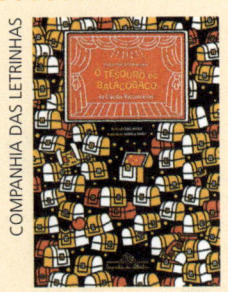

O tesouro do Balacobaco

Cláudia Maria de Vasconcellos. São Paulo: Companhia das Letrinhas, 2015.

Nessa história, um canguru boxeador, um esquimó solitário e um pinguim, cada um com seus próprios medos e dificuldades, se unem em busca de um tesouro precioso.

LIÇÃO 16

CHUVA

VAMOS COMEÇAR!

Observe como as palavras do poema estão organizadas na página. Como você imagina que esse poema deve ser lido? O que a aparência do poema lhe sugere?

Leia-o em silêncio. Depois, acompanhe a leitura em voz alta que o professor vai fazer.

Chuva

pinga
depois
Então
em
(para
desce
despenca
o
Muito
primeiro
vem
demora
seguida
um
pouco)
E
cair
a
Aos
poucos
atrás
o
Dia

Apertando o conta-letras a menina escreve seu nome no papel.

Fernando Paixão.
Poesia a gente inventa. São Paulo: Ática, 1996.

ESTUDO DO TEXTO

1 Converse com os colegas e com o professor sobre as questões a seguir.

a) Alguma vez você já parou para observar a chuva: como ela cai, o barulho que faz, se é chuvisco, chuvinha, chuvarada, chuvão?

b) A menina inspirou-se na chuva para escrever o nome dela no papel. Se você "apertasse o conta-letras" para escrever seu nome em forma de poema visual, que imagem escolheria? Desenhe em uma folha avulsa.

2 A leitura deste poema é convencional? Justifique sua resposta.

_____

_____

3 Comente com os colegas se houve certa dificuldade em entender a direção de leitura ou se foi fácil deduzi-la.

4 O poema chama-se "Chuva". O que as letras que o formam representam?

_____

5 No poema, as palavras obedecem a uma determinada distribuição. O que ela lembra?

_____

> No **poema visual**, a distribuição das palavras contribui para a construção do sentido, como se as palavras e a disposição delas fossem utilizadas para compor uma imagem.

6 Qual é a relação entre a organização das palavras no poema e seu título?

_____

_____

7 Que nome formam as letras maiúsculas do poema?

_____

8 Há rima nesse poema, ou seja, a combinação do som das sílabas no final das palavras?

_____

_____

9 Há uma sequência na queda dos pingos da chuva e das letras que formam o nome Matilde? Como essa ordem se realiza no poema?

_____

_____

_____

10 Na ilustração que acompanha o texto há uma distribuição das cores e também uma combinação da cor da roupa da menina e seu guarda-chuva. Observando a imagem podemos imaginar uma estação do ano?

_____

_____

11 Além do título e da forma que os versos foram escritos, o que mais nos faz lembrar a chuva no texto?

_____

_____

12 Responda.

a) Você conhece outro poema que combine a linguagem visual com a linguagem verbal? Qual poema?

_____

b) O poeta Fernando Paixão diz que escrever poesia é o mesmo que brincar com as palavras. Você concorda?

_____

_____

c) Que lembrança você tem de um dia de chuva? Foi divertido? Ou a chuva atrapalhou algum programa?

ESTUDO DA LÍNGUA

Vocativo

1 Leia esta estrofe de um poema.

> [...]
> Um mundo todo igual seria um crime
> O mesmo gosto, sonho e opinião
> Torcia todo mundo pra um só time
> Meu Deus do céu, que baita chateação!
>
> Ricardo Azevedo. *Aula de carnaval e outros poemas*. 2ª. ed. São Paulo: Ática, 2009. p. 21.

a) Sabendo que o título do poema é "Baita chateação", o que você acha que incomoda o eu-lírico?

_____

_____

b) Qual expressão o eu-lírico utiliza em sua reclamação como se estivesse chamando por alguém?

_____

c) Por que ele utiliza essa expressão?

_____

_____

d) Se ele estivesse reclamando com a mãe, como ficaria o último verso do poema?

_____

e) Complete: No último verso, a vírgula foi utilizada para separar _____.

f) No segundo verso, a vírgula foi utilizada com a mesma intenção do último? Explique.

_____

_____

> O termo ou a expressão utilizados pelo falante para se dirigir à pessoa com quem conversa, por meio do próprio nome, de um substantivo, adjetivo ou mesmo apelido é chamado **vocativo**.

O vocativo geralmente é separado por vírgulas, mas pode aparecer também com um sinal de exclamação, interrogação etc. Veja:

- "**Pedro**, você gosta de ser igual aos outros?"
- "Eu adoro que as pessoas sejam diferentes, **Pedro**."

Nessas frases, usa-se o nome "**Pedro**" para se dirigir à pessoa com quem se fala. Essa expressão é denominada **vocativo**.

ORTOGRAFIA

Sons do x

Leia estas palavras do quadro.

> explicação   exagero

O som do **x** nessas palavras é igual ou diferente?

Agora, leia as palavras a seguir e observe os sons do **x**.

x com som de z			
exagerar	exausto	exercício	existência
exato	exercer	exímio	existir
exemplar	exibir	examinar	êxito
exército	exaltar	executar	inexato
exalar	execução	exercitar	inexistente

x com som de x			
exclamar	exprimir	expor	expressivo
extração	expulsar	extinção	excursão
extrair	extremo	experiência	externo
exclusivo	exposição	excluir	expedir
extraviar	expedição	exportação	explicar

x com som de cs			
anexar	circunflexo	maxilar	táxi
axila	fixar	oxigênio	texano
asfixiar	intoxicar	oxítono	sexagenário

x com som de ss		
auxiliar	aproximar	máximo
próximo	trouxera	auxílio

ATIVIDADES

1 Leia as palavras e copie-as. Depois, faça a separação silábica.

excluir _____ _____

expansivo _____ _____

expelir _____ _____

expressão _____ _____

extinção _____ _____

extremo _____ _____

2 Distribua as palavras do quadro nas colunas adequadas, de acordo com os sons do **x**.

expedir	exercitar	exausto	exalar
êxito	expulsar	exibir	extraviar
extraordinário	excomungar	extravagância	exército

x com som de s	x com som de z

3 Pesquise, em jornais ou revistas, palavras escritas com **x** que tenham som de **s** e som de **z**. Escreva-as na linha a seguir.

_____

4 Leia as palavras e copie-as. Depois, faça a separação silábica.

auxílio _____ _____

proximamente _____ _____

trouxéssemos _____ _____

máximo _____ _____

5 Distribua as palavras do quadro nas colunas adequadas de acordo com os sons do **x**.

texano	excepcional	auxílio
boxe	tórax	excesso
fixo	máximo	trouxéssemos
anexo	aproximar	proximamente
reflexo	maxilar	oxigenada
excelente	axila	próximo

x com som de cs	x com som de ss

UM TEXTO PUXA OUTRO

Leia esta tirinha.

Quadrinho 1: COMO CHOVE! ACHO QUE VOU VIRAR UM SAPO!

Quadrinho 2: ESSA CHUVA NÃO PARA! MAIS UM DIA EM CASA...

Quadrinho 3: QUE PÉ D'ÁGUA! DÁ UMA TRÉGUA SÃO PEDRO!

Quadrinho 4: FESTA NA LAMA! OBAA!!!

Disponível em: https://www.meninocaranguejo.com/#. Acesso em: 22 ago. 2022.

1 Cada um dos personagens reage de forma diferente a um dia de chuva. O que há em comum entre os três primeiros?

2 Qual quadrinho gera o humor da tira? Por quê?

3 Em sua opinião, o que há de negativo em um dia de chuva? E de positivo?

4 Releia o primeiro quadrinho.

   a) O que a expressão facial do personagem revela?

   b) Qual seria sua saída para esse dia chuvoso? Explique.

5 Agora, observe o último quadrinho.

   a) Além do sapo, que outro animal o personagem poderia se transformar para aproveitar o dia chuvoso? Por quê?

   b) O que a expressão facial do personagem revela?

   c) Que palavra do balão de pensamento revela o mesmo estado de espírito?

289

PRODUÇÃO DE TEXTO

Você vai produzir um poema em que a forma e o conteúdo estejam relacionados. Depois, com os colegas e o professor, vão montar um livro que será oferecido para pais e amigos.

Preparação

Escolha uma das imagens a seguir (ou outra que desejar) como ponto de partida para sua produção.

Imagine-se em um desses lugares e responda:

a) Que som (ou sons) destaca-se no ambiente?

___
___

b) Que palavras podem representar esse som? As palavras equivalem a uma fala ou a sons emitidos pelos componentes da cena?

_____

_____

c) Que cores podem compor o poema e/ou o cenário?

_____

d) O desenho composto com as palavras formam ou complementam o ambiente?

_____

_____

e) Esses elementos estão em movimento ou parados?

_____

Escrita

Escolha palavras relacionadas ao som, ao formato ou a alguma característica mostrada na imagem que você selecionou.

Faça experiências relacionando a imagem às palavras que você escolheu.

Quando ficar satisfeito com o resultado, escreva seu poema relacionando imagem com palavras.

Revisão

Depois de concluído o poema, troque seu texto com um colega e confira:
- se ele fez um poema que relaciona imagem e palavras;
- se é possível compreender o poema.

Escreva um comentário para seu colega sobre o texto dele.
Troque novamente o texto com o colega.
Com o poema comentado, refaça o que achar necessário.
Passe seu poema a limpo, de acordo com as orientações do professor.

Apresentação

Finalmente, chegou o momento de montar o livro de poemas da turma e apresentá-lo aos familiares e colegas da escola.

Combine com o professor e com sua turma que título o livro terá, como será a capa e de que forma vão encaderná-lo.

Depois, é só combinar um dia para o lançamento. É importante que o livro possa ficar exposto num lugar para ser folheado, lido e admirado por todos!

AMPLIANDO O VOCABULÁRIO

pé d'água

(**pé**-**dá**-gua): chuva muito forte.

pinga

(**pin**-ga): gota de líquido a cair ou escorrer.

trégua

(**tré**-gua): interrupção; pausa.

LEIA MAIS

Poesia a gente inventa

Fernando Paixão. São Paulo: FTD, 2017.

Nesse livro, o autor Fernando Paixão brinca com as palavras, inventa muitas poesias e conta histórias sobre a natureza e os animais.

Caminho da poesia: antologia de poesia para crianças

Vários autores. São Paulo: Global Editora, 2006.

Poemas de doze grandes nomes da da literatura, entre eles Manuel Bandeira, Ferreira Gullar, Guilherme de Almeida, Henriqueta Lisboa, Paulo Leminski, Olavo Bilac, Sidónio Muralha. Poemas cheios de trocadilhos divertidos, humor, sonoridade, recursos gráficos, imagens e metáforas.

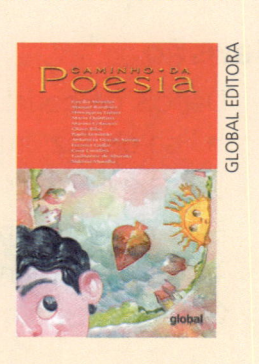

Criança poeta: quadras, cordéis e limeriques

César Obeid. São Paulo: Editora do Brasil, 2011.

Situações cotidianas e diversas são apresentadas por meio de quadras, cordéis e limeriques, explorando um mundo cheio de rimas.

ORGANIZANDO CONHECIMENTOS

1 Observe a ilustração. Depois, responda.

a) O que você vê nessa imagem?

_____

_____

b) Em que circunstância de comunicação normalmente encontramos situações como essa retratada na ilustração?

_____

_____

2 Complete o quadro com os adjetivos pátrios dos países citados.

País de origem	Masculino	Feminino
França		
Inglaterra		
Japão		
Holanda		

293

3 Copie as frases, substituindo o símbolo ◆ pelos verbos entre parênteses. Observe o tempo verbal pedido.

a) As crianças ◆ todas as tardes no parquinho. (brincar – presente)

_____

_____

b) Nós ◆ para a praia no próximo feriado. (viajar – futuro)

_____

_____

c) Todos os alunos ◆ a lição antes do recreio. (terminar – pretérito)

_____

_____

d) Eu ◆ uma carta para minha melhor amiga. (escrever – futuro)

_____

_____

e) O papagaio ◆ o mágico naquele dia. (atrapalhar – pretérito)

_____

_____

f) Eu ◆ aquele livro! (amar – presente)

_____

_____

4 Pesquise em jornais e revistas três palavras terminadas em **-isar** e três palavras terminadas em **-izar**. Leia para os colegas as palavras que você escreveu.

_____

_____

_____

_____

REFERÊNCIAS

AGUIAR, Vera (coord.) et al. *Poesia fora da estante*. Porto Alegre: Projeto, 1995.

AZEVEDO, Ricardo. *Aula de carnaval e outros poemas.* 2. ed. São Paulo: Ática, 2009.

BAG, Mario. *Papa-Figo e outras lendas do Brasil*. São Paulo: Paulinas, 2008.

BARBOSA, Jacqueline Peixoto. *Trabalhando com os gêneros do discurso*: notícia. São Paulo: FTD, 2001.

BUARQUE, Chico. *Paratodos*. Rio de Janeiro: RCA. Records, 1993. Disco. Disponível em: https://www.letras.mus.br/chico-buarque/45158/. Acesso em: 22 ago. 2022.

CABRAL, Danilo Cezar. Como era a vida dos povos indígenas brasileiros? *Superinteressante*. Disponível em: https://super.abril.com.br/mundo-estranho/como-era-a-vida-dos-povos-indigenas-brasileiros/. Acesso em: 22 ago. 2022.

CAMPOS, Abdias. Brincadeiras populares. *Cordel na educação*. Disponível em: https://www.cordelnaeducacao.com.br/produto/brincadeiras-populares. Acesso em: 22 ago. 2022.

CANAL Autismo. Livro infantil traz cigarra autista. Disponível em: https://www.canalautismo.com.br/noticia/livro-infantil-traz-cigarra-autista/. Acesso em: 22 ago. 2022.

CESÁRIO, Luciano. Inclusão e combate ao preconceito são temas de caminhada no Dia Mundial do Autismo em Fortaleza. *O Povo*, 3 abr. 2022. Disponível em: https://www.opovo.com.br/noticias/fortaleza/2022/04/03/inclusao-e-combate-ao-preconceito-sao-temas-de-caminhada-no-dia-mundial-do-autismo-em-fortaleza.html. Acesso em: 22 jun. 2022.

CIÊNCIA Hoje das Crianças. Por que a água borbulha quando ferve? Disponível em: http://chc.org.br/acervo/por-que-a-agua-borbulha-quando-ferve/. Acesso em: 22 ago. 2022.

_____. Por que o nariz do cachorro é gelado? Disponível em: http://chc.org.br/acervo/por-que-o-nariz-do-cachorro-e-gelado/. Acesso em: 22 ago. 2022.

_____. Sobre a CHC. Disponível em: http://chc.org.br/sobre-a-chc/. Acesso em: 22 ago. 2022.

CLUBINHO das piadas: piadas para crianças, ed. 18. São Paulo: EdiCase, s/d.

COZER, Felipe. Educação financeira infantil: conta bancária para criança é o novo cofrinho. *UOL Economia*. Disponível em: https://economia.uol.com.br/mais/pagbank/2022/02/11/educacao-financeira-infantil-mesada-cofrinho-conta.htm. Acesso em: 22 ago. 2022.

CRUZ, Ana Paula. A cigarra e as formigas. *Recanto das Letras*. Disponível em: www.recantodasletras.com.br/fabulas/3774088. Acesso em: 22 ago. 2022.

CZELUSNIAK, Adriana. A letra cursiva está com os dias contados? *Gazeta do Povo*, Londrina/PR. Disponível em: https://bit.ly/2KWoG92. Acesso em: 22 ago. 2022.

DAVIS, Jim. Garfield: na fazenda. Disponível em: https://tirinhasdogarfield.blogspot.com/2010/06/na-fazenda-2.html. Acesso em: 22 ago. 2022.

E-BIOGRAFIA. Disponível em: https://www.ebiografia.com/monteiro_lobato/. Acesso em: 22 ago. 2022.

ENTREVISTA. Anyvlis Alencar: uma conversa sobre alimentação infantil. *Notícias da Região Tocantina*, 19 out. 2020. Disponível em: https://regiaotocantina.com.br/2020/10/19/entrevista-anyvlis-alencar-uma-conversa-sobre-alimentacao-infantil/. Acesso em: 22 ago. 2022.

ESOPO. *Fábulas de Esopo*. Adaptação de Russel Ash e Bernard Higton. Trad. Heloisa Jahn. São Paulo: Companhia das Letrinhas, 2014.

FANTON, André. O uso da letra cursiva está com os dias contados? *Diário Campineiro*, 30 jan. 2022. Disponível em: https://diariocampineiro.com.br/o-uso-da-letra-cursiva-esta-com-os-dias-contados/. Acesso em 22 ago. 2022.

FOLHA de S.Paulo, São Paulo, 9 jan. 2010. Suplemento Folhinha.

FUKS, Rebeca. Fábulas mais famosas de Esopo. *Cultura genial*. Disponível em: https://www.culturagenial.com/fabulas-de-esopo/. Acesso em: 22 ago. 2022.

G1 Caruaru. Escolas municipais de Garanhuns recebem mais de 5 mil livros sobre educação financeira para crianças. Disponível em: https://g1.globo.com/pe/caruaru-regiao/noticia/2022/04/19/escolas-municipais-de-garanhuns-recebem-mais-de-5-mil-livros-sobre-educacao-financeira-para-criancas.ghtml. Acesso em: 22 ago. 2022.

IBGE Educa. Uso de internet, televisão e celular no Brasil. Disponível em: https://educa.ibge.gov.br/jovens/materias-especiais/20787-uso-de-internet-televisao-e-celular-no-brasil.html. Acesso em: 22 ago. 2022.

INFOESCOLA. Pieter Bruegel (o Velho). Disponível em: https://www.infoescola.com/biografias/pieter-bruegel-o-velho. Acesso em: 22 ago. 2022.

INSTITUTO Caranguejo de Educação Ambiental. Disponível em: https://www.meninocaranguejo.com/#. Acesso em: 20 ago. 2022.

JANSEN, Roberta. Brasil tem mais de 3 mil espécies ameaçadas de extinção, afirma IBGE. CNN Brasil, 25 jun. 2021. Disponível em: https://www.cnnbrasil.com.br/nacional/brasil-tem-mais-de-3-mil-especies-ameacadas-de-extincao-afirma-ibge/. Acesso em: 22 jun. 2022.

LOBATO, Monteiro. O reformador do mundo. *Conto brasileiro*. Disponível em: http://contobrasileiro.com.br/o-reformador-do-mundo-texto-de-monteiro-lobato/. Acesso em: 22 ago. 2022.

MACHADO, Ana Maria. *Hoje tem espetáculo*. Rio de Janeiro: Alfaguara, 2013.

MAPA do Brincar. Amarelinha 12. Disponível em: http://media.folha.uol.com.br/mapadobrincar/2011/12/09/amarelinha12_saopaulo_sp.pdf. Acesso em: 22 ago. 2022.

_____. Amarelinha. Disponível em: https://mapadobrincar.folha.com.br/brincadeiras/amarelinha/. Acesso em: 22. ago. 2022.

MEDINA, Vilma. Jogo da memória: brincadeiras para crianças. *Guia infantil*. Disponível em: https://br.guiainfantil.com/materias/cultura-e-lazer/jogos/jogo-da-memoria-brincadeiras-para-criancas/. Acesso em: 22 ago. 2022.

MINDLIN, Betty. O céu ameaça a terra. *Nova Escola*. São Paulo, Abril, edição especial. Disponível em: https://novaescola.org.br/conteudo/11697/3-contos-indigenas-para-mostrar-aos-alunos-outra-visao-de-mundo. Acesso em: 22 ago. 2022.

OLIVEIRA, Henrique Douglas. Disponível em: http://www.tribunadonorte.com.br/noticia/estudantes-comemoram-premiacao/238761. Acesso em: 22 ago. 2022.

PAIXÃO, Fernando. *Poesia a gente inventa*. São Paulo: Ática, 1996.

PAMPLONA, Rosane. *Histórias de dar água na boca*. São Paulo: Moderna, 2008.

PREFEITURA de Vinhedo. Teatro infantil e circo terão apresentações gratuitas em Vinhedo. Disponível em: https://www.vinhedo.sp.gov.br/portal/noticias/0/3/16903/teatro-infantil-e-circo-terao-apresentacoes-gratuitas-em-vinhedo#galeria_principal-2. Acesso em: 20 ago. 2022.

PRETA, Stanislaw Ponte. A estranha passageira. In: *Contos brasileiros 1*. São Paulo: Ática, 2012 (Coleção Para gostar de ler, 8).

PRIETO, Heloísa. *Lá vem história*. São Paulo: Companhia das Letrinhas, 2010.

QUINO. *Toda Mafalda*. São Paulo: Martins Fontes, 2012.

RETT, Mauricio. Disponível em: http://www.cartunista.com.br/chatdemais.gif. Acesso em: 22 ago. 2022.

ROCHA, Ruth. *Como se fosse dinheiro*. São Paulo: Salamandra, 2010.

RODRIGUES, Maria Alexandra Militão. A morte da escrita cursiva? *Campo Grande News*, Campo Grande/MS. Disponível em: https://www.campograndenews.com.br/artigos/a-morte-da-escrita-cursiva. Acesso em: 22 ago. 2022.

SANTOS, Mônica. Quero pão francês. Disponível em: https://www.uol.com.br/nossa/reportagens-especiais/pao-frances-que-nada-ele-nasceu-no-brasil-e-virou-instituicao-nacional/#page4. Acesso em: 22 ago. 2022.

SCHULZ, Charles M. *Peanuts completo*: 1959 a 1960. v. 5. Porto Alegre: L&PM, 2012.

SECRETARIA da Saúde (RS). Raiva. Disponível em: https://saude.rs.gov.br/raiva. Acesso em: 22 ago. 2022.

SILVA, Willian Raphael. Bugio e Tucano. Disponível em: https://www.humorcomciencia.com/blog/bugio-e-tucano/. Acesso em: 22 jun. 2022.

TADEU, Paulo. *Proibido para maiores: as melhores piadas para crianças*. São Paulo: Matrix, 2007.

TOQUINHO; ANDREATO, Elifas. Gente tem sobrenome. Disponível em: www.toquinho.com.br/gente-tem-sobrenome/. Acesso em: 22 ago. 2022.

TURMINHA. A Lebre e a Tartaruga. Disponível em: https://www.turminha.com.br/blog/fabula-lebre-e-tartaruga. Acesso em: 22 ago. 2022.

UFMG. Contação de histórias apresenta origens indígenas do Brasil. Disponível em: https://ufmg.br/comunicacao/eventos/contacao-de-historias-apresenta-origens-indigenas-do-brasil. Acesso em: 22 ago. 2022.

UMA história para dormir. Chapeuzinho Vermelho. Disponível em: https://www.historiaparadormir.com.br/chapeuzinho-vermelho/. Acesso em: 22 ago. 2022.

VALENÇA, Raquel Teixeira. *Ciência Hoje das Crianças*, 2 mar. 2014, n. 254.

VASCONCELOS, Yuri. Disponível em: https://super.abril.com.br/mundo-estranho/como-os-peixes-nadam-em-cardumes-sem-trombar-uns-nos-outros/. Acesso em: 22 ago. 2022.

VERÍSSIMO, Luís Fernando. *Comédias para se ler na escola*: apresentação e seleção de Ana Maria Machado. Rio de Janeiro: Objetiva, 2010.

ZIRALDO. *As anedotinhas do Bichinho da Maçã*. São Paulo: Melhoramentos, 2014.

_____. *Maluquinho assombrado*. São Paulo: Globo, 2012.

Coleção
Eu gosto m@is

ALMANAQUE

Ciranda de leitura

Tarefas da escola

Ângelo chega em casa e fala:
– Papai, a professora fez uma pergunta e eu fui o único que respondeu.
– Que maravilha, filho! E o que ela perguntou?
– Quem não fez o dever de casa.

Piadas para Crianças. Abril 2022. Disponível em: https://painel.banca.leiamais.uol.com.br/minha-banca/92993/492617. Acesso em: 22 ago. 2022.

Na cozinha, Raquel começa a gritar:
– Mãe, vem aqui!
A mulher corre até lá e pergunta:
– O que aconteceu?
– Acho que queimei o café.
– Como?
– Sei lá, a água está escura.

Piadas para Crianças. Abril 2022. Disponível em: https://painel.banca.leiamais.uol.com.br/minha-banca/92993/492617. Acesso em: 22 ago. 2022.

Remédio para pulgas

Um homem entra na loja de produtos veterinários e pede para o atendente:
– Quero um remédio para pulgas, por favor.
Após ouvir o pedido, o funcionário questiona:
– Mas do que as pulgas sofrem?

Piadas para Crianças. Março 2022. Disponível em: https://painel.banca.leiamais.uol.com.br/minha-banca/91674/488965. Acesso em: 22 ago. 2022.

Quantos rins

Durante a aula, a professora pergunta para a aluna:
– Alessandra, quantos rins nós temos?
– Quatro!
– Como assim, quatro?
– É que a senhora perguntou quantos rins "nós" temos. "Nós" temos quatro: dois meus e dois seus.

Piadas para Crianças. Março 2022. Disponível em: https://painel.banca.leiamais.uol.com.br/minha-banca/91674/488965. Acesso em: 22 ago. 2022.

Idade da mãe

Ao chegar em casa, Rafael pergunta para a mãe:
– Qual é a sua idade?
Ela, então, diz:
– Olha para mim e diga o que você acha?
– Eu te acho uma mãe muito legal, mas qual é a sua idade?

Piadas para Crianças. Dezembro 2021. Disponível em: https://painel.banca.leiamais.uol.com.br/revistas/86863. Acesso em: 22 ago. 2022.

Brócolis saudável

Durante a consulta, a mulher pergunta para o médico:
– Doutor, é verdade que brócolis é saudável?
– Olha, eu acho que é. Nunca atendi nenhum brócolis doente.

Piadas para Crianças. Março 2022. Disponível em: https://painel.banca.leiamais.uol.com.br/minha-banca/91674/488965. Acesso em: 22 ago. 2022.

Duas maçãs

Em casa, o pai diz para o filho:
– Alessandro, havia duas maçãs na geladeira. Você pode me explicar por que agora só tem uma?
– É que eu não vi a outra, papai.

Piadas para Crianças. Abril 2022. Disponível em: https://painel.banca.leiamais.uol.com.br/minha-banca/92993/492617. Acesso em: 22 ago. 2022.

Um sonho doce

Em casa, a mãe pergunta para a filha:
– Camila, por que você coloca açúcar debaixo do travesseiro antes de dormir?
Imediatamente, a garota responde:
– Para ter sonhos doces, mamãe.

Piadas para Crianças. Dezembro 2021. Disponível em: https://painel.banca.leiamais.uol.com.br/revistas/86863. Acesso em: 22 ago. 2022.

Durante a aula de Matemática, a professora pergunta para a aluna:
– Alice, se você tivesse trinta reais em um bolso e setenta reais no outro, o que você teria?
A garota, então, responde:
– A calça de outra pessoa.

Piadas para Crianças. Dezembro 2021. Disponível em: https://painel.banca.leiamais.uol.com.br/revistas/86863. Acesso em: 22 ago. 2022.

Oficina de texto 1
Narração

> Textos que contam uma história apresentam um tipo de composição chamada **narrativa**. Na narrativa, os relatos de fatos e acontecimentos podem ser reais ou imaginários.
> Dois elementos básicos aparecem nas narrativas:
> **QUEM** participa dos acontecimentos? As personagens.
> **O QUE** acontece? Fatos e ações envolvendo os personagens.

O galo e a raposa

Algumas galinhas com seu galo, fugindo de uma raposa, subiram em um pinheiro, onde a perseguidora não alcançava.

A raposa, ao pé da árvore, disse ao galo:

– Eu sei que, por hábito, fogem de mim temendo por suas vidas, mas, hoje, corria apenas para lhes dar boas notícias. Peço-lhes que desçam para nos confraternizarmos, amigos. Foi proclamada hoje a paz universal entre todas as feras e aves. Portanto, venham comigo celebrar.

O galo, entendendo a mentira, como quem não quer nada, disse:

– Estas são mesmo novidades muito boas e alegres. Estaremos indo sim, amiga, ao seu encontro, assim que nossos amigos cães, que vejo daqui do alto se aproximando rapidamente numa grande matilha, cheguem para todos juntos festejarmos.

A raposa, ouvindo isso, começou a correr dizendo:

– Vou indo porque temo que eles ainda não saibam das novidades e nos ataquem.

Assim, foi embora, ficando as galinhas seguras com seu galo.

SHAFAN, Joseph (adap.). *As fábulas de Esopo*. São Paulo: A. José C. Coelho, 2008. p. 24.

A raposa e a cegonha

Um dia a raposa convidou a cegonha para jantar. Querendo pregar uma peça na outra, serviu sopa num prato raso. Claro que a raposa tomou toda a sua sopa sem o menor problema, mas a pobre cegonha, com seu bico comprido, mal pôde tomar uma gota. O resultado foi que a cegonha voltou para casa morrendo de fome. A raposa fingiu que estava preocupada, perguntou se a sopa não estava do gosto da cegonha, mas a cegonha não disse nada. Quando foi embora, agradeceu muito a gentileza da raposa e disse que fazia questão de retribuir o jantar no dia seguinte.

Assim que chegou, a raposa se sentou lambendo os beiços de fome, curiosa para ver as delícias que a outra ia servir. O jantar veio para a mesa numa jarra alta, de gargalo estreito, onde a cegonha podia beber sem o menor problema. A raposa, amoladíssima, só teve uma saída: lamber as gotinhas de sopa que escorriam pelo lado de fora da jarra. Ela aprendeu muito bem a lição. Enquanto ia andando para casa, faminta, pensava: "Não posso reclamar da cegonha. Ela me tratou mal, mas fui grosseira com ela primeiro."

Moral da história: Trate os outros tal como deseja ser tratado.

ESOPO. *Fábulas de Esopo*. Adaptação de Russel Ash e Bernard Higton. Tradução de Heloísa Jahn. São Paulo: Companhia das Letrinhas, 1994. p. 74.

A gansa dos ovos de ouro

Um homem e sua mulher tinham a sorte de possuir uma gansa que todo dia punha um ovo de ouro. Mesmo com toda essa sorte, eles acharam que estavam enriquecendo muito devagar, que assim não dava. Imaginando que a gansa devia ser de ouro por dentro, resolveram matá-la e pegar aquela fortuna toda de uma vez. Só que, quando abriram a barriga da gansa, viram que por dentro ela era igualzinha a todas as outras. Foi assim que os dois não ficaram ricos de uma vez só, como tinham imaginado, nem puderam continuar recebendo o ovo de ouro que todos os dias aumentava um pouquinho sua fortuna.

Moral: Não tente forçar demais a sorte.

ESOPO. *Fábulas de Esopo*. Adaptação de Russel Ash e Bernard Higton. Tradução de Heloísa Jahn. São Paulo: Companhia das Letrinhas, 1994. p. 74.

- No espaço da página seguinte, escreva uma narrativa envolvendo animais. Pode ser: leão, rato, jacaré, coelho etc.

(título)

Oficina de texto 2
Entrevista

O objetivo de uma entrevista é colher informações sobre a vida do entrevistado e obter a opinião dele a respeito de determinados assuntos.

O entrevistador deve preparar as perguntas e o entrevistado pode respondê-las oralmente ou por escrito.

Organize uma entrevista com um dos seguintes temas.

- Ser motorista de ônibus escolar.
- Ser diretor de escola.
- Ser varredor de rua da cidade.

Após a definição do tema, você terá de:

- escolher o profissional que dará a entrevista;
- combinar com ele o dia e a hora da entrevista;
- organizar as perguntas que serão feitas;
- combinar a forma de obter as respostas do entrevistado: oralmente ou por escrito.

Antes, porém, leia esta entrevista de Mauricio de Sousa para se inspirar!

[...]

Antoniolli Assessoria & Marketing: Mônica é seu personagem de maior sucesso?

Mauricio: Mônica é o carro-chefe da empresa. Foi inspirada em uma das minhas filhas, e o detalhe interessante é que ela foi meu primeiro personagem feminino. Quando comecei a publicar as primeiras tiras do Bidu, em 1959, na Folha de S.Paulo, as histórias eram com o Bidu, o Franjinha, o Cebolinha, o Manezinho, o Jeremias e o Titi. Só homem. Aí alguém da redação da Folha perguntou se eu era misógino. Corri ao dicionário para ver o que significava a palavra e, quando encontrei, disse: "Não tenho aversão às mulheres, só que não sei criar um personagem feminino porque tudo que escrevo vem da minha vivência".

AAM: Como você resolveu esse problema?

M: Fui para casa e comecei a prestar atenção nas minhas filhas. E lá estava a Mariangela, minha primeira filha, brincando com a Mônica, que arrastava um coelho pela casa tentando bater na Magali, que comia uma melancia inteira. Então, criei os personagens baseados nas meninas, fiz uma caricatura psicológica e deu certo.

ALMANAQUE

AAM: E quanto a seus outros personagens? Quem os inspirou?

M: A maioria tem relação com minha infância. O Cebolinha era um garoto que andava por perto de minha casa. Foi meu pai quem lhe deu esse nome, por causa do cabelo espetado. Ele era amigo do Cascão, que também existiu e inspirou o personagem; Franjinha era um sobrinho meu que morava em Bauru; Chico Bento era um tio-avô que não cheguei a conhecer, mas minha avó me contava muitas histórias dele.

AAM: De onde vem seu sucesso?

M: Acho que do fato de as histórias serem inspiradas em pessoas de carne e osso. E porque representam situações que todo mundo já viveu. É a tal identificação.

AAM: Qual a filosofia de suas histórias?

M: A de esperança confiante. São histórias que mostram crianças saudáveis e que acreditam que, no fim do dia, na hora de a mãe chamar para tomarem banho e dormir, se não deu para fazer o que queriam, amanhã será outro dia.

AAM: O mundo mudou nesses quarenta anos. Como isso afeta seu trabalho?

M: Felizmente, o mundo mudou e nos permitiu usar novas e maravilhosas ferramentas. A filosofia não mudou, sofisticou-se. No começo, quando eram só as tiras no jornal, não imaginava estar fazendo histórias para crianças. Mas os personagens eram crianças e, com isso, eles pegaram a garotada. Com o passar dos anos, descobri que era um autor para criança. Mas, como o público adulto não nos abandonou, hoje temos a dupla responsabilidade de contar uma história que agrade a criança e seja, ao mesmo tempo, cativante para os adultos.

AAM: Com qual personagem você mais se identifica?

M: O Horácio, que é a única história que desenho e escrevo sozinho há trinta anos. Fui ficando tão íntimo do personagem que não só não consegui passá-lo para a equipe de desenhistas, como sou capaz de escrever e desenhar quadro a quadro, sem rascunhos, as histórias dele. Quando chego no último quadro, a história já tem o ritmo correto, está no ponto final, certinha.

[...]

Entrevista: o pai da Mônica. *Construir Notícias*. Disponível em: http://www.construirnoticias.com.br/entrevista-o-pai-da-monica/. Acesso em: 22 ago. 2022.

- Antes da entrevista, escreva uma pequena apresentação do entrevistado e do assunto.
- Em seu caderno, faça um rascunho das perguntas que você pretende fazer ao entrevistado. Depois de feita a entrevista, redija-a numa folha avulsa e entregue-a ao professor.
- Para elaborar as perguntas, é importante fazer uma pesquisa sobre a pessoa que será entrevistada e o tema da conversa.

Oficina de texto 3
Lenda

As lendas são histórias contadas pelo povo que fazem parte da tradição de um país ou de uma região. Elas podem ser contadas por vários autores de diversas maneiras.
As lendas envolvem fantasia e imaginação, vêm sendo transmitidas de pai para filho e são muito comuns em todo o Brasil.

Mani: a lenda da mandioca

Diz a lenda tupi que, certa vez, uma índia teve uma linda filhinha, a quem deu o nome de Mani. A menina era muito bonita e de pele bem clara, alegre e falante, e era amada por todos.

Mani parecia esconder um mistério, era uma menina muito diferente do restante das crianças, vivia sorrindo e transmitindo alegria para as pessoas da tribo.

Certo dia, porém, a indiazinha não conseguiu se levantar da rede. Toda a tribo ficou alvoroçada. O pajé correu pra acudir, levou ervas e bebidas, fez muitas rezas.

Mesmo assim, nem as rezas do pajé, nem os segredos da mata virgem, nem as águas profundas e muito menos a banha de animais raros puderam evitar a morte de Mani.

A menina morreu com um longo sorriso no rosto. Os pais resolveram enterrá-la na própria oca onde moravam, pois isso era costume dos índios tupi. Regaram a cova com água, mas também com muitas lágrimas, devido à saudade da menina.

Passados alguns dias, no local em que ela foi enterrada, nasceu uma bonita planta. As folhas eram viçosas, e a raiz era escura por fora e branquinha por dentro, lembrando a cor da pele de Mani.

A mãe chamou o arbusto de maniva, em homenagem à filha. Os índios passaram a utilizar a tal planta para fabricar farinha e cauim, uma bebida de gosto forte. A planta ficou conhecida também como mandioca, mistura de Mani e oca (casa de índio). Por ser tão útil, tornou-se símbolo de alegria e abundância para os índios – das folhas às raízes.

Fonte: Xapuri Socioambiental. Disponível em: https://xapuri.info/mani-lenda-da-mandioca/.
Acesso em: 16 ago. 2022.

Faça uma pesquisa sobre as lendas do nosso folclore.
- Você pode procurar em livros ou conversar com pessoas mais velhas de sua região ou que vieram de outras partes do Brasil.
- Depois, escolha uma dessas lendas e escreva-a na página seguinte.
- Na sala de aula, você vai ler e ouvir as histórias que a turma pesquisou. Assim, vai conhecer um pouco mais do universo da tradição popular.

(título)

Oficina de texto 4
Poema

Muitas vezes um autor fica pensando e procurando inspirações para seus poemas. Manuel Bandeira se inspirou na liberdade dos passarinhos para escrever o poema "Pardalzinho".

Pardalzinho

O pardalzinho nasceu
Livre. Quebraram-lhe a asa.
Sacha lhe deu uma casa,
Água, comida e carinhos.
Foram cuidados em vão:
A casa era uma prisão,
O pardalzinho morreu.
O corpo Sacha enterrou
No jardim; a alma, essa voou
Para o céu dos passarinhos!

Manuel Bandeira. *Berimbau e outros poemas*.
Rio de Janeiro: Nova Fronteira, 1994.

Meus amigos

Meus amigos
quando me dão a mão
sempre deixam outra coisa
presença
olhar
lembrança
calor
meus amigos
quando me dão
deixam na minha
a sua mão.

LEMINSKI, Paulo. *Toda poesia*. São Paulo:
Companhia das Letras, 2013. p. 102.

A boneca

Deixando a bola e a peteca,
Com que inda há pouco brincavam,
Por causa de uma boneca,
Duas meninas brigavam.

Dizia a primeira: "É minha!"
– "É minha!" – a outra gritava;
E nenhuma se continha,
Nem a boneca largava.

Quem mais sofria (coitada!)
Era a boneca. Já tinha
Toda a roupa estraçalhada,
E amarrotada a carinha.

Tanto puxaram por ela,
Que a pobre rasgou-se ao meio,
Perdendo a estopa amarela
Que lhe formava o recheio.

E, ao fim de tanta fadiga,
Voltando à bola e à peteca,
Ambas, por causa da briga,
Ficaram sem a boneca.

BILAC, Olavo. *Obra reunida*. Rio de Janeiro: Nova Aguilar, 1996. p. 303.

Procure um tema para criar um poema. Pense sobre seu significado no dia a dia. Qual seria esse tema? Escreva-o abaixo.

- Agora, escreva sobre seu tema em forma de poesia, mantendo a estrutura em versos e estrofes.
- Ilustre seu poema.

Adesivos para colar onde quiser

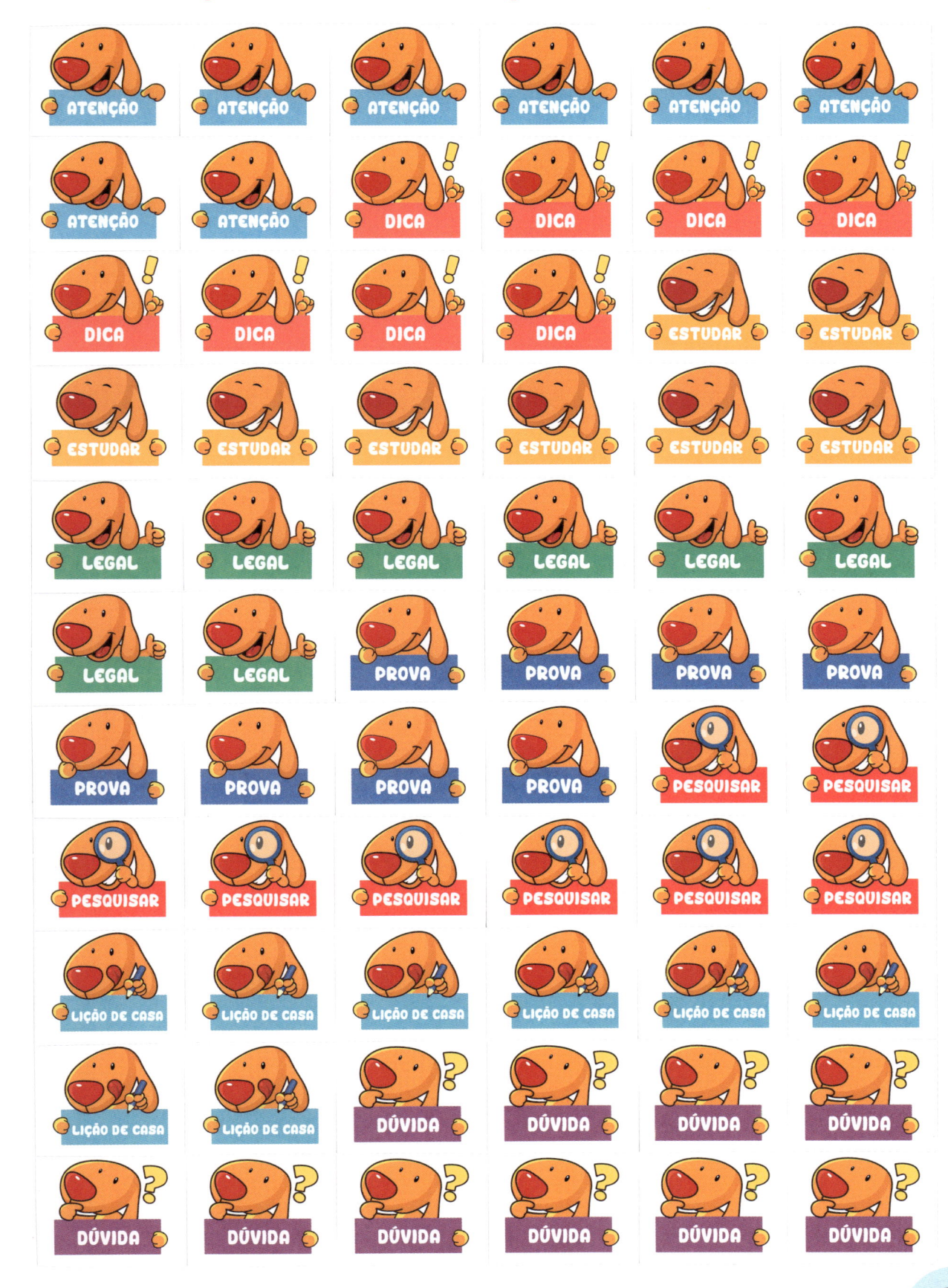

ADESIVOS

Adesivos para colar onde quiser

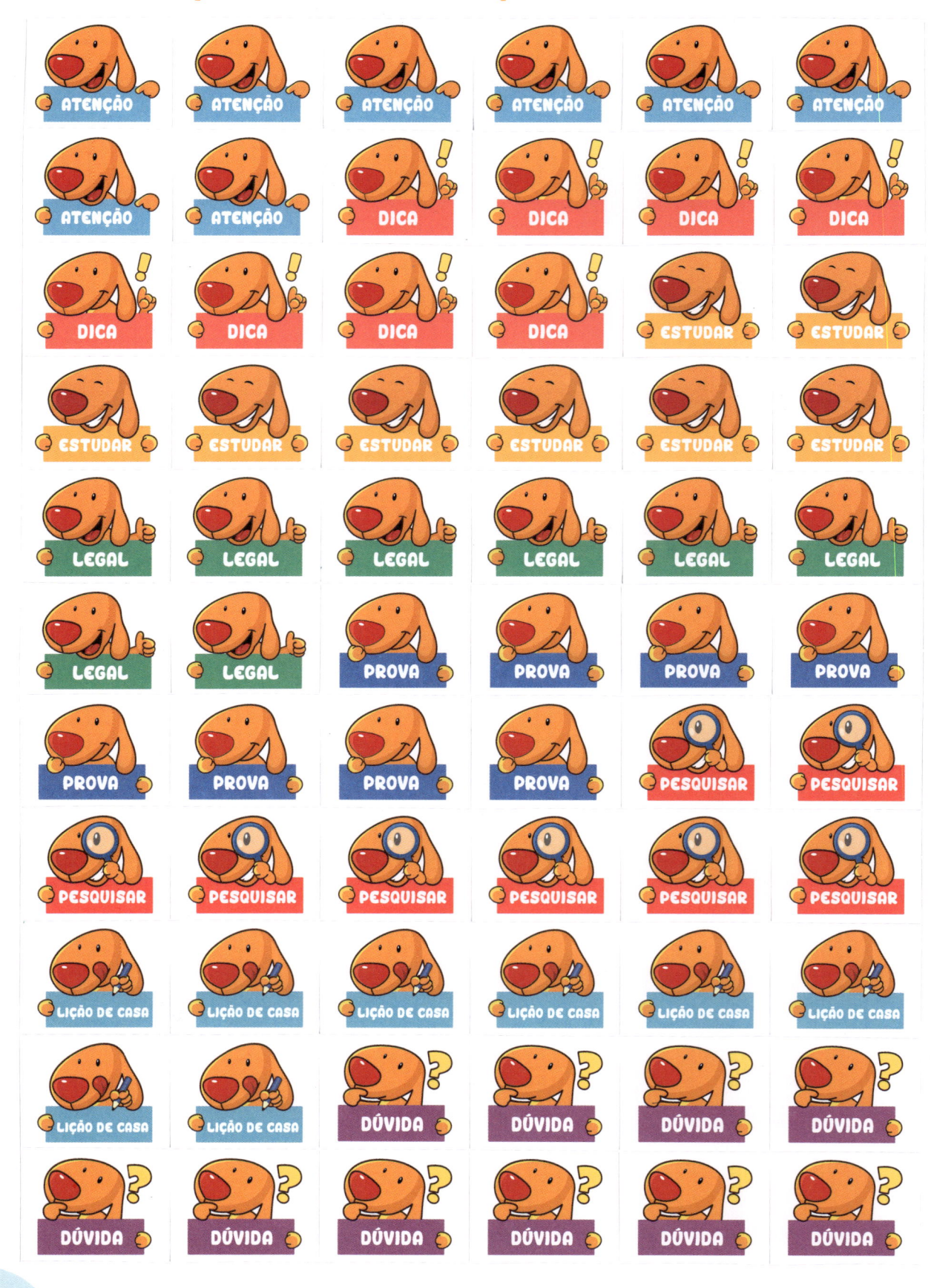